Dietrich Steinwede • Dieter Gelsheimer
Jesus von Nazaret

Dietrich Steinwede • Dieter Gelsheimer

JESUS VON NAZARET

PATMOS

Die Deutsche Bibliothek – CIP-Einheitsaufnahme

Jesus von Nazaret / Dietrich Steinwede.
Mit Illustrationen von Dieter Gelsheimer. – Düsseldorf: Patmos Verlag, 2001
ISBN 3-491-79539-7

Nach der neuen Rechtschreibung

Einband und Innenillustration: Dieter Gelsheimer, Rödermark
Reproduktion: RCS, Stadtlohn
Druck und Verarbeitung: MA-TISK, Maribor

INHALT

Kafarnaum
Betsaida
Sepphoris
Magdala
Nazaret
See
Gennesaret
Tiberias
GALILÄA
Caesarea
Samaria
SAMARIA
Jordan
Jericho
Jerusalem
Betanien
Betlehem
JUDÄA
Machärus
Mittelmeer
Totes
Meer
IDUMÄA

ZUR EINFÜHRUNG

Viele Menschen sprechen von Jesus. Viele orientieren sich an ihm. Er bedeutet ihnen etwas. Er ist wichtig in ihrem Leben. Auch heute noch, nach 2000 Jahren. Manche sagen: »Er ist mir gegenwärtiger als irgendein Mensch der Geschichte sonst.«

Woher rührt diese Wirkung über einen so langen Zeitraum hinweg? Immerhin ist Jesus von den Römern hingerichtet worden, weil sie ihn für einen Aufrührer hielten, der ihre Macht gefährden konnte.

Nun, Jesus war ein Mensch wie wir. Er war ein guter Mensch, ein weiser Mensch. Aber er war auch ein ganz außergewöhnlicher Mensch. Ganz anders als viele bedeutende Menschen seiner Zeit. Er war so etwas wie ein Arzt der Seelen und der Körper. Er hat Menschen von ihrer Besessenheit und von anderen Krankheiten befreit. Er hat sich ganz offen – revolutionär in seiner Zeit – denen zugewandt, die ausgegrenzt waren, weil sie Aussatz hatten, weil sie Prostituierte waren oder als Zolleinnehmer mit den Römern zusammen arbeiteten. Er hat sich mit ihnen zu Tisch gesetzt, mit ihnen gegessen. Warmherzig und gütig ging er, selbst einfach lebend, mit allen um, deren Lage und Leben damals aussichtslos war. Er gab ihnen neue Hoffnung. Er liebte die Menschen. Seine Ausstrahlung muss einmalig gewesen sein. Er verfügte gleichsam über eine magische Kraft, die viele anzog. Und – der Himmel war immer offen für ihn. Die Weise, wie er von Gott sprach, machte die Menschen atemlos. Er predigte die liebevolle Menschenfreundlichkeit Gottes. Er nannte Gott Vater, allen Menschenkindern, die zu ihm kommen wollten, vergebungsbereit, barmherzig zugewandt. Die oft strengen und einengenden Lebensvorschriften der jüdischen Bibel, das ›Gesetz‹, wusste er in überraschender Weise neu und aktuell auszulegen, sodass seine Hörer und Hörerinnen nicht mehr aus dem Staunen herauskamen. Niemanden hatten sie bis dahin so vom Gott Israels predigen hören.

Das ist es, was Menschen auch heute an Jesus fasziniert. »Er war der exemplarische Mensch«, sagen sie, »er war schlechthin gut. So wie er die Menschen liebte, das wurde in seiner Wirkmächtigkeit nie wieder übertroffen. Und dem kann man sich auch heute nicht entziehen«, sagen sie. »Auch heute zeigt er uns, wie wir ganz anders, ganz neu leben können. Mit Gott!«

Die Frage, wie das Leben des Jesus von Nazaret genau ausgesehen hat, ist nicht einfach zu beantworten.

Zunächst mag man denken, es steht doch alles über ihn im Neuen Testament. In den Evangelien ist doch alles erzählt. Erzählt wird, das ist richtig. Aber ihrem Charakter nach sind diese Erzählungen Glaubensgeschichten, keine Tatsachenberichte, gar Reportagen, denen man genau entnehmen könnte, wie sich alles wirklich zugetragen hat. Daran waren die Evangelisten Markus, Matthäus, Lukas und Johannes, sie schrieben in der Zeit zwischen 70 und 100, also lange nach dem Tod Jesu, gar nicht interessiert. Sie wollten kein genaues Abbild des Lebens Jesu zeichnen, sie wollten verkünden, predigen, bezeugen, dass er der Christus, der Gesalbte Gottes, sei, der von den Juden lange erwartete Messias, den Gott nicht im Tode gelassen hatte, der Retter der Menschen und der Welt. So entwarfen sie Glaubens-›Bilder‹ als Erzählpredigten. Sie wandten sich an Glaubende, ihren Glauben zu stärken, an Nichtglaubende, sie zum Glauben zu führen. Evangelium heißt ›Frohe Botschaft‹, nicht Lebensbericht. So wie Markus es am Anfang seines Evangeliums schreibt: »In diesem Buche steht, wie die Nachricht von Jesus, dem Christus, dem Sohne Gottes, ihren Anfang nahm.« Die Evangelisten erzählen von Ostern her. Sie wollen zeigen, dass sie in der Nachfolge des Christus den rechten Weg für ihr Leben gefunden haben.

Als Dokumente des Glaubens können die Evangelien von höchst wunderbaren Dingen erzählen, z. B. dass bei der Geburt Jesu ein Engel ihn als den Heiland, den Retter für alle Welt, verkündet habe und dass der Himmel über Betlehem voll von Engeln gewesen sei, die Gott Lob sangen und Frieden verkündeten. Diese Geburts-Legende des Lukas enthält Glaubenswahrheit. Sie ist ›wahr‹ auf eine andere Weise, so wie auch sonst erzählte Visionen der Menschen – Mythen, Märchen, Gedichte, Legenden – Wahrheit enthalten. Die weihnachtliche Glaubensgeschichte des Lukas hat auf Grund dieser Wahrheit eine unglaubliche Wirkung gehabt in der Welt. Geschehen ist sie so nicht.

Die Evangelisten wollten werben für ihren Christus. Mit heutigen Worten: Sie waren Theologen, keine Historiker. Darin liegt die Schwierigkeit.

Von Ostern her erzählend, haben die Evangelisten den Christus im Blick, den Messias, den Gesalbten Gottes. Sie sagen: »Gott hat ihn uns zu sehen gegeben – in einem neuen Bild.« Es ist ein Innenbild, nur zu sehen im Geist und im Glauben. Niemals hätte man es fotografieren können. Aber es ließ sich nach außen spiegeln, mit dem Symbol der Ostersonne (oft mit Kreuz) hinter seinem Kopf, dem Nimbus. Wer dies Bild sah, wusste: Der Nimbusträger ist nicht der geschichtliche Jesus, vielmehr der geglaubte Herr der Gemeinde.

Wie also? Wie sollen wir ihm nahekommen, dem Leben Jesu in seiner Zeit? Nun, wir können manches gewissermaßen zwischen den Zeilen des Neuen Testamentes lesen. Wir können auch manches direkt entnehmen. Denn nicht alles ist Glaubenszeugnis. Die Theologen von heute gehen davon aus, dass die Evangelien Worte enthalten, die Jesus wirklich so gesprochen hat. Und auch manche der Heilungsgeschichten dürften sich so, wie erzählt, zugetragen haben. Und auch den Erzählungen über Prozess und Tod Jesu ist viel Geschichtliches zu entnehmen.

Darüber hinaus lassen sich bestimmte Dinge von anderswoher zusammentragen: z. B. aus der Kenntnis über Land und Leute damals, wie sie im Alltag lebten, wie sie ihre Religion ausübten, wie sie sich nicht mit der römischen Fremdherrschaft abfinden wollten. Man kann es z. B. herauslesen aus Steininschriften und Münzen, aus Bauwerken, aus Briefen und Verträgen, aus Berichten über die römischen Kaiser und ihre Statthalter in Judäa, nicht zuletzt aus Ausgrabungsbefunden. Vieles haben fleißige Forscher ans Licht gebracht, sodass wir heute über diese Dinge mehr wissen denn je.

Und so darf man es wagen, Abläufe, die das Leben des geschichtlichen Jesus betreffen, zu zeichnen, mit Vorbehalt manchmal, aber doch so, dass ein zusammenhängendes Bild entsteht. Dieses Buch will es versuchen – in Texten und Sachzeichnungen. Es will zugleich Fragen der Leserinnen und Leser aufnehmen, Antworten bereithalten, aber auch – neue Fragen wecken.

Christus-Medaillon (Clipeus) aus der Kirche Sant' Apollinare in Classe, Ravenna um 549.

9

GEBURT UND KINDHEIT

Jesus hat nie etwas über seine Kindheit erzählt, geschweige denn etwas aufgeschrieben. Er hat überhaupt keine geschriebene Zeile hinterlassen.

Geboren wird er unter Kaiser Augustus im Jahre 7 vor unserer Zeitrechnung – für manche erstaunlich, aber in Zeitberechnungen späterer Jahrhunderte hatte man sich vertan. Die Eltern sind Maria und Josef. Sie leben in Nazaret in Galiläa. Josef stammt von König David ab, der vor 1000 Jahren als Hirte aus Betlehem kam. Maria ist noch sehr jung.

Jesus ist in Nazaret geboren – oder in Betlehem. Einige Anzeichen weisen auf Betlehem in Judäa, nicht weit von Jerusalem. Als Nachkomme Davids musste Josef möglicherweise bei der Steuerveranlagung im Jahre 7 vor nach Betlehem. Auch wurde sehr früh schon eine Geburtshöhle Jesu in Betlehem von den Christen verehrt.

Wie auch immer, auch in Nazaret wird, wie bei den Juden üblich, Freude und Jubel über die Geburt des Sohnes der Maria geherrscht haben. Das Kind ist ein Geschenk Gottes. So sehen es auch Josef und Maria. Sie danken für das Kind. Sie freuen sich darüber.

Jeder Sohn einer jüdischen Mutter wird am 8. Tag nach der Geburt beschnitten (Beschneidung = Entfernung der Penisvorhaut mit einem scharfen Messer). Ein jüdischer Priester macht das. So geschieht es auch mit dem Kind Jesus. In der Bibel der Juden (wir sagen ›Altes Testament‹) ist diese Beschneidung seit uralten Zeiten vorgeschrieben. Sie gilt als Zeichen einer besonderen Verbindung zwischen Gott und seinem Volk Israel.

Der Sohn erhält an diesem Tage seinen Namen: ›Yeshua‹ (Jesus) – das ist Aramäisch, die Alltagssprache der Juden. Yeshua, das bedeutet ›Gott hilft‹. Der Name ist häufig damals.

Wie jede Mutter gibt Maria dem Kind Jesus die Brust. Sie umhegt das Kind, kleidet

›Yeshua‹ in aramäischer Schrift, von rechts nach links zu lesen

es an und aus, wäscht es, legt es auf das Schlaflager. Sie lehrt Jesus die ersten Schritte. Bald schon werden ihm kleine Pflichten übertragen. Er erfüllt sie gern. Liebt er doch Vater und Mutter. Seine Eltern erzählen ihm von Gott. Sie lehren ihn, mit Gott wie mit einem Freund zu reden, zu beten.

Als Jesus 3 Jahre alt ist, stirbt Herodes, der König von ganz Israel. Zeitgenossen schreiben, dass er machtgierig und brutal gewesen sei. Sie rühmen aber auch seine umfangreiche Bautätigkeit. Er hatte einen Palast in Jerusalem, mehrere Paläste an anderen Orten. Er baute Festungen. Er baute die neue Hafenstadt Caesarea, vor allem den neuen Tempel in Jerusalem. Seine Macht hatte er letztlich von Roms Gnaden. Lange Zeit stand er sich gut mit Kaiser Augustus.

Goldene Augustus-Münze

Nach dem Tod des Herodes wird die Herrschaft unter drei von seinen Söhnen aufgeteilt. Archelaus erhält Judäa im Süden, Herodes Antipas Galiläa im Nordwesten und Philippus die nordöstlichen Landesteile. Doch bleibt die eigentliche Macht weiter bei den Römern. Sie haben ihre Truppen im Land.

Als Jesus 21 ist, stirbt Kaiser Augustus. Er hat von 31 vor bis 14 nach regiert. Nachfolger wird sein Stiefsohn Tiberius. Er wird länger leben als Jesus. Bis zum Jahr 37.

Als Jesus Kind ist, fragen sich viele Juden im Land: Wann werden wir endlich von der römischen Fremdherrschaft befreit? Wann wird Gott uns zur Hilfe eilen? Wann kommt der Retter, der Messias?

Silberner Tiberius-Denar

Ein wenig Geschichtliches von Jesu Kindheit spiegelt das Lukas-Evangelium. Lukas erzählt von der Geburt unter Augustus und dass das Kind am 8. Tag beschnitten wurde. Auch die Lukas-Geschichte vom 12-jährigen Jesus im Tempel – eine Legende – lässt etwas durchscheinen von der Unbefangenheit, der Klugheit, den bereits umfangreichen Kenntnissen des Jungen Jesus in der Hebräischen Bibel, dem Alten Testament. Er ist gewachsen an Alter und Verstand.

IN NAZARET

Hier wächst Jesus auf. Der Ort liegt auf einer Anhöhe im Bergland von Galiläa. Man schaut weit hinaus in die Ebene Jesreel.

Um Nazaret herum gibt es gute Weiden für Ziegen und Schafe, gute Böden für Weizen und Gerste, schöne Bäume, Weinberge. Einige Wegstunden sind es bis zum See Gennesaret.

Die Bevölkerung von Galiläa ist gemischt. Hier leben neben den Juden viele Menschen aus griechischen Ländern, die ihre eigenen Götter verehren. Darum sagt man in Jerusalem, Galiläa sei ein halb heidnisches Land. Stolz sind die Galiläer und aufrecht. Manchmal auch unbeherrscht. Die religiösen Führer in Jerusalem sind der Meinung, die Galiläer nähmen es mit den Vorschriften der Hebräischen Bibel nicht so genau. Darum gibt es das umlaufende Wort: ›Was kann aus Galiläa schon Gutes kommen?!‹ Manche sagen auch: ›Was kann aus Nazaret schon Gutes kommen?!‹

Nun, Jesus kommt aus Nazaret. Sein Vater Josef ist Bauhandwerker. Er arbeitet mit Stein, Ziegeln und Holz. Er hat eine Werkstatt. Sein Bauholz schlägt er in den Wäldern ringsum. Dann sägt er es zu Balken und Brettern zurecht. Mit der Hand. Als Jesus größer ist, hilft er ihm dabei. Für die Juden ist es selbstverständlich, dass ein Sohn bei seinem Vater in die Lehre geht.

Josef ist oft unterwegs. Nur eine Wegstunde von Nazaret entfernt liegt die jüdisch-griechische Stadt Sepphoris. Die Römer hatten sie zerstört, weil es dort jüdischen Widerstand gab. Jetzt wird sie wieder aufgebaut. Ein großes Theater entsteht. Nicht ausgeschlossen, dass Josef daran mitgearbeitet hat. Sepphoris ist der Amtssitz des Herodes Antipas. Später wird dieser ›Römerfreund‹ zu Ehren des Kaisers Tiberius die Stadt Tiberias am See Gennesaret erbauen und dann dort residieren.

Neben den Handwerkern gibt es Hirten in Nazaret. Sie treiben Schafe und Ziegen über die Berghänge. Manchmal verläuft sich ein Tier. Dann muss der Hirte es lange suchen.

Handwerksberufe in Nazaret: Zimmermann, Korbflechter, Töpfer. Bauhandwerker, das ist neben dem des Sandalen-machers ein besonders ehrbarer und geachteter Beruf. Im Allgemeinen aber machen die Juden keinen Unterschied zwischen höherer und niederer Arbeit.

Und es gibt die Bauern. Das Pflügen mit dem Holzpflug, vorgespannt ein Esel oder ein Ochse, beginnt, sobald der Herbstregen den Boden aufgeweicht hat. Jedes Feld wird mindestens einmal längs und einmal quer gepflügt. Das Getreide wird breitwürfig mit der Hand ausgesät und die Saat danach durch Unterpflügen mit Erde bedeckt. Ist die Erde reif, wird das Korn mit der Sichel geschnitten. Sobald die Garben trocken sind, bringt man sie zum Dreschplatz, der Tenne. Ausgedroschen wird mit einem Dreschflegel oder mit dem Dreschschlitten, einer schweren, von Tieren gezogenen Holzplatte mit Spitzen an der Unterseite. Dann wirft man das Getreide mit Dreschgabeln in die Luft. Der Wind verweht die Spreu. Die Körner sammelt man ein.

Oliven an den silbriggrünen Bäumen schlägt man, wenn sie reif sind, herab und zerquetscht sie in Ölmühlen aus Stein. So gewinnt man das kostbare Öl. – Die Arbeit der Bauern ist hart.

Nazaret, das sind kleine und größere Flachdachhäuser, aus Lehmziegeln oder Bruchsteinen errichtet, geschart um einen Dorfbrunnen in der Mitte. Nazaret hat eine gute Wasserquelle. Die Häuser haben kleine Fenster und schmale Türen, um die große Sommerhitze abzuhalten. Bei einstöckigen Häusern gibt es drinnen meist nur zwei Räume, einen etwas tiefer gelegenen für die Tiere – Schafe, Ziegen, Hühner –, einen etwas höheren für die Menschen zum Essen und Schlafen.

Wie alle Orte Israels hat Nazaret eine Synagoge, das Gebets- und Gottesdiensthaus der Juden. Hier wird aber auch Schule gehalten, manchmal auch Gericht. Und hier versammelt man sich, um über die Angelegenheiten des Dorfes zu beraten.

BEI JESUS ZU HAUSE

Vielleicht wohnt Jesus in einem zweistöckigen Haus, denn die Familie ist groß. Sie sind mindestens acht Personen: Mutter, Vater, vier Brüder – Simon, Josef, Jakobus, Judas –, Jesus selbst und Schwestern (ihre Zahl kennen wir nicht).

Die Einrichtung des Hauses ist einfach. Auf dem Boden, neben der Feuerstelle Pfannen und Töpfe, Körbe mit Gemüse, Körbe mit Obst, mit Granatäpfeln, mit Feigen. An der Wand ein Backofen, an einem Haken ein Ziegenbalg als Trinkwasserbehälter, Öllämpchen in Wandnischen, auf Borden und von der Decke herabhängend.

Eine große lebendige Familie sitzt zu Tisch. Vor dem Essen hat jeder aus einem Krug etwas Wasser über die Hände gegossen. So ist es vorgeschrieben: Kein Jude darf mit unreinen Händen essen. Außerdem greift auch jeder mit der Hand in die Schüsseln und isst dann aus der Hand. Denn Essbestecke gibt es nicht. Vor Beginn der Mahlzeit wird ein Tischsegen gesprochen, am Ende ein Dankgebet. Die Familie bemüht sich, alle Vorschriften der Hebräischen Bibel einzuhalten.

Das Grundnahrungsmittel ist Brot – Gersten- und Weizenbrot. Maria hat das Mehl dazu auf der kleinen Handmühle gemahlen. Sie hat den dünnen durchsäuerten Brotteig auf der halbrunden Metallplatte des Ofens über heißen Steinen gebacken. Das Brot ist flach und hart. Man kann Stück um Stück davon abbrechen. Dazu gibt es Oliven und Obst. Oft auch gekochte Bohnen oder Linsen, manchmal Käse aus Ziegenmilch, an Festtagen auch Fleisch vom Lamm oder Zicklein, auf offenem Feuer gebraten. Schweine haben sie nicht im Dorf. Sie gelten als unrein, wie alle Tiere, deren Hufe nicht gespalten sind. Das Fleisch, das sie essen, muss immer möglichst gut ausgeblutet sein. Auch das ist eine alte Vorschrift.

Selten gibt es Fisch. Der See Gennesaret ist zu weit entfernt. Doch Schmorgerichte aus Hammelfleisch und Linsen sind sehr beliebt. Gesalzen wird mit Salz vom Toten Meer, gesüßt mit wildem Honig.

Das Gemüse, Lauch, Zwiebeln, Gurken, Melonen, hat Maria im Garten gezogen. Dort stehen auch die Feigenbäume, die zweimal im Jahr Frucht tragen.

Wenn es heiß ist, wird draußen auf dem Flachdach gegessen. Hier liegen Blätter und Früchte zum Trocknen. Gelegentlich schlafen hier auch Gäste.

Zu trinken gibt es Ziegenmilch, gelegentlich Wein, meist das klare Wasser, das Maria vom Brunnen geholt hat.

Riemensandalen der Zeit Jesu

Jesus schläft wie alle auf der meist doppelt gelegten Schlafmatte am Boden, zugedeckt mit seinem Umhang. Bettzeug gibt es nicht. Bettgestelle kennen nur die Reichen. Morgens wäscht Jesus sich im Hof oder am Dorfbrunnen.

Die Kleidung ist selbst gefertigt. Mutter und Töchter haben mit Spindeln Flachs und Schafwolle in Fäden gesponnen und am aufrecht stehenden Webstuhl einfache Stoffe für den Hausgebrauch gewebt. Die Männer tragen wie Griechen und Römer ein knielanges Unterkleid, die Tunika, gegürtet, darüber einen rechteckigen Umhang. Ihr langes schwarzes Haar wird von einem Tuch auf dem Kopf zusammengehalten. An den Füßen haben sie Riemensandalen.

Die Frauen tragen eine ärmellose Tunika mit einem Leinengürtel um die Taille. Darüber ein weites, langes Umhängetuch, manchmal über den Kopf gezogen. Sie lieben Schmuck und auch Kosmetika.

IN DER SYNAGOGENSCHULE

Als Kind spielt Jesus mit den anderen Kindern aus Nazaret auf der Dorfstraße. Gewiss ist er unternehmungslustig, erfindungsreich, freundschaftlich, auch mal widerborstig – wie andere Kinder auch.

Mit fünf Jahren geht er in die Schule. Das ist einmalig in seiner Zeit: In Israel gibt es schon Dorfschulen für jedermann, nirgendwo sonst auf der Welt. Die Pharisäer, die gottesfürchtigen und gottesgelehrten Männer des Volkes, haben diese Schulen eingerichtet. Sie wollen, dass die Kinder so früh wie möglich die Hebräische Bibel kennen lernen.

Schule wird in einem Raum neben der Synagoge oder auch draußen im Synagogenhof abgehalten. Mit den anderen Jungen von Nazaret lernt Jesus bei dem Rabbi, dem Lehrer, der die Hebräische Bibel gut studiert hat.

Zu Hause spricht Jesus aramäisch. Beim Rabbi lernt er Hebräisch, die alte heilige Sprache seines Volkes. Zuerst das hebräische Alphabet, die schwierigen Buchstaben. Der Rabbi spricht vor. Die Kinder sprechen den Buchstaben nach. Dann schreibt der Rabbi den Buchstaben mit einem Stift auf ein Wachstäfelchen. Die Kinder schreiben ihn auf ihren kleinen Wachstäfelchen nach. Nach den Buchstaben kommen die Wörter. Dann ganze Sätze. Später dürfen sie aus der heiligen Buchrolle, der Torarolle, lesen, von rechts nach links. Aber nicht mit dem Finger. Man darf die Wörter nur mit einem Stift berühren, so heilig sind sie.

Jesus lernt aus der Torarolle, wie Gottes Weg war mit Abraham, Isaak, Jakob, Josef und Mose. Er lernt die vielen Weisungen für das Volk Israel, das Gesetz, nach dem ein Jude sein Leben auszurichten hat. Er lernt, indem er mit den anderen Jungen im Chor nachspricht, was der Rabbi vorspricht. So prägt er es sich ein.

Jesus lernt gut. Der Rabbi sagt: »Was ihr lernt, das sollt ihr euch immer wieder vorsprechen, wenn ihr zu Hause seid, wenn ihr unterwegs seid, wenn ihr euch hinlegt, wenn ihr aufsteht.«

Jesus lernt, was man am Schabbat, dem wöchentlichen Feiertag der Juden (unserem Samstag), dem Tag der Schöpfungsruhe Gottes, nicht tun darf. Er lernt, was als unrein gilt. Vor allem lernt er das höchste Gebot der Juden: »Du sollst Gott, deinen Herrn, lieb haben, von ganzem Herzen, von ganzer Seele und mit all deinen Kräften. Und deinen Mitmenschen, deinen Nächsten, sollst du lieb haben wie dich selbst.«

Jesus lernt das ›Schmah Israel‹, das ›Höre Israel, der Herr, unser Gott, ist einer. Er allein ist Gott, sonst keiner.‹ In hebräischer Schrift sieht dieses große Bekenntnis der Juden so aus:

שְׁמַע יִשְׂרָאֵל יְהוָה אֱלֹהֵינוּ יְהוָה ׀ אֶחָד:

Mit dem Lesen und Lernen, aber auch mit den Gebeten und religiösen Übungen zu Hause, wächst Jesus in seine Religion, die jüdische, hinein. Zu Hause lernen auch die Schwestern mit. In die Synagogenschule aber gehen nur die Jungen.

Ob Jesus außer Aramäisch und Hebräisch auch andere Sprachen konnte, etwa Griechisch oder gar Latein, die Sprache der Römer – wir wissen es nicht.

STEUERN – WIDERSTAND GEGEN DIE RÖMER

Die Steuerlast ist erdrückend. Wie alle Galiläer zahlt auch Josef Steuern an Herodes Antipas. Waren werden an Zollstationen, überall, wo ein Händler eine der vielen Grenzen passiert, zusätzlich besteuert.

Die Bewohner von Nazaret müssen nicht zuletzt Steuern an den Tempel in Jerusalem zum Unterhalt der unzähligen Priester zahlen, und

Obwohl Galiläa keine römische Provinz ist, können auch in Nazaret täglich Soldatentrupps der Römer auftauchen. Geschieht das, ziehen sich alle Bewohner schnell in ihre Häuser zurück, denn die fremden Legionäre, die aus allen Ländern der Welt kommen, sind ihres eisernen Durchsetzungswillens und ihrer Brutalität wegen verhasst.

zwar den ›Zehnten‹, den zehnten Teil von ihren Erträgen. Das ist viel. Dazu kommt noch die Tempelsteuer für den Neubau des Tempels. Sie beträgt einen halben jüdischen Schekel jährlich.

In Judäa, das römische Provinz ist, gelten die römischen Steuergesetze. Hier treiben die Römer gnadenlos ihre Reichssteuer ein. Steuerpächter – oft sind es Juden – kassieren vor Ort. Dabei bereichern sie sich fast immer persönlich. Sie sind deshalb verhasst, auch weil sie den Römern zuarbeiten.

Manche Juden wehren sich gegen die Fremdherrschaft. Sie rufen zu aktivem Widerstand mit der Waffe – meist sind das nur Pfeil und Bogen – gegen die schwer bewaffneten Römer auf. Sie wollen die Römer aus dem Land vertreiben. In abgelegenen Gegenden überfallen sie römische Truppen und Transporte. Sie machen Beute, töten römische Soldaten. In Galiläa verstecken sie sich in den Bergen. Ihre Anführer hier sind Judas, der Galiläer, und der Pharisäer Sadduk. Weil die Widerstandskämpfer wild und entschlossen sind, voller Kampfeseifer, nennt man sie auch ›Eiferer‹, ›Zeloten‹. Wird einer von ihnen gefasst, richten ihn die Römer sofort hin.

GOTTESDIENST IN DER SYNAGOGE

Am Schabbat geht Jesus mit Eltern und Geschwistern in die Synagoge von Nazaret. Der wöchentliche Tag der Ruhe, der Schöpfungsruhe Gottes am siebten Tag, wird von allen Juden streng eingehalten. Dieser Ruhetag beginnt bereits am Vorabend, so wie jeder Tag bei den Juden abends beginnt. Wenn die ersten drei Sterne am Himmel zu sehen sind, wird nicht mehr gearbeitet. Zwei Kerzen werden entzündet. Es wird aus einer Schriftrolle gelesen und gebetet. Danach gibt es das von der Mutter vorbereitete Schabbatmahl. Alle lassen es sich gut schmecken.

Beim ersten Tageslicht am Schabbatmorgen versammeln sich die Einwohner von Nazaret zum Gottesdienst. Freude liegt in der Luft. Die Öllämpchen auf der Menorah, dem großen siebenarmigen Leuchter, brennen. Ringsum sitzen und stehen die Frauen und die Männer. Jesus ist bei den Männern. Die tragen den Gebetsmantel mit den Fransen. Sobald Jesus 13 und in die Gemeinde aufgenommen ist, darf er auch einen solchen Überwurf, über den Kopf gezogen, tragen.

Zu Beginn spricht der Vorbeter mit erhobenen Händen den Segen: »Der Herr segne dich. Er behüte dich. Er sei immer mit dir.« Alle antworten mit ›Amen‹.

Und dann singen Alte und Junge, Frauen und Männer wie aus einem Mund das Bekenntnis, das ›Schmah Israel‹. Der Glaube an den einen, den einzigen Gott, das ist es, was die Juden von allen anderen Völkern ihrer Zeit unterscheidet.

Nun bringt der Synagogendiener vom Toraschrein an der nach Süden, nach Jerusalem, weisenden Rückwand die große Tora-Rolle. Sie ist mit feinem Linnen umgeben. Er entfernt die Hülle und rollt das Pergament auf. Er hält es hoch, so dass alle die großen hebräischen Wörter sehen können. Dann legt er die Rolle auf das Lesepult. Der Vorleser tritt

heran, rollt sie weiter auf, findet und liest den für diesen Tag vorgeschriebenen Text aus einem der fünf Bücher Mose. Er liest singend. Laut ertönt seine Stimme.

Danach wird die Rolle feierlich in den Schrein zurückgelegt. Der Vorleser beginnt jetzt in aramäischer Sprache frei redend den Text für die Gemeinde auszulegen. Alle hören aufmerksam zu. So wird auch Jesus später lesen und predigen.

Mit einer zweiten Lesung, jetzt aus einer Prophetenrolle, geht der Morgengottesdienst am Schabbat seinem Ende zu. Ein letzter Segensspruch und dann tauschen alle gute Wünsche zum Schabbat aus. Am Ausgang wird für Notleidende gesammelt. Jeder gibt, was er entbehren kann.

Zu Hause wartet wieder ein am Vortage zubereitetes schönes Schabbatmahl. Wenn es am Abend dämmert, ist der Schabbat zu Ende. Jetzt darf man wieder arbeiten.

DIE FESTE

Jesus feiert mit seinen Eltern und Geschwistern die großen Feste der Juden. Im Herbst sind es das Neujahrsfest – Rosh-hasha-nah –, Yom Kippur, der ernste Versöhnungstag, das höchste jüdische Fest, und Sukkot, das fröhliche Laubhüttenfest. Im Spätherbst oder Frühwinter ist es Chanukka, das große Lichterfest.

Jesus feiert vor allem Pessach im Frühling, das Fest der Befreiung seines Volkes aus der ägyptischen Fronherrschaft vor vielen hundert Jahren.

In der Nacht des Auszugs hatte das Volk Israel damals Lämmer geschlachtet und mit dem Blut die Türpfosten der Häuser bestrichen, damit der Todesengel Gottes vorübergehe. Daran denken sie. Und beim Pessachmahl essen sie das gebratene Fleisch vom Lamm, dazu Mazzen,

Die Synagoge: Hier lernen die Kinder. Hier werden Gemeindeangelegenheiten beraten. Hier wird täglich aus der Tora gelesen. Hier wird am Schabbat Gottesdienst gehalten. Es gibt einen Synagogenvorsteher. Doch sind alle männlichen Gemeindeglieder grundsätzlich gleichberechtigt. Jeder kann den Segen sprechen, vorlesen, über den Text predigen.

ungesäuertes Brot. Denn in der Eile des Aufbruchs damals hatten sie keine Zeit gehabt, ihren Brotteig mit Sauerteig zu durchsäuern.

Immer denken sie an damals, als wären sie es selbst gewesen, die all das mit dem Auszug erlebten.

JESUS ALS JUNGER MANN

In vielem ist er wie andere junge Männer seiner Zeit. Wir dürfen davon ausgehen, dass Jesus ein fröhlicher junger Mann war, dass er gern lachte, Freude hatte an Musik und Tanz, auch an gutem Essen und Trinken. Gewiss hatte er Freunde im Dorf. Vielleicht war er auch verliebt.

Aber er ist auch anders. Er ist ein kluger und aufmerksamer Mensch, der sehr genau wahrnimmt, was um ihn her geschieht – in der Natur, bei der Arbeit der Bauern. Saat, Wachstum, Ernte, das berührt ihn.

Er ist ein kluger und aufmerksamer Mensch, der gut zuhören kann, der mehr sieht als andere, der seinen Mitmenschen ins Auge sieht und ins Herz. Viel hat er gelernt schon beim Rabbi, zu Hause, in den Synagogengottesdiensten. Und ganz gewiss hat er die Schriftrollen der Hebräischen Bibel sorgfältig studiert, sich unendlich viel daraus angeeignet, immer wieder nachgedacht über alles.

Er hat entdeckt, dass nicht, wie viele Zeitgenossen meinen, die Vorschriften, die vielen Gebote, das Wichtigste sind. Das Wichtigste ist die Begegnung mit dem lebendigen Gott. Immer spürt Jesus die Gegenwart Gottes. Gott ist ihm ganz nahe.

Jesus weiß: Gott kennt mich durch und durch. Er umgibt mich von allen Seiten. Ich bin ganz in seiner Hand (Psalm 139,1-5). Jesus weiß: Ich kann mit Gott reden wie mit einem guten Vater. Ich kann ihn anrufen. Ich kann ihn um etwas bitten. Er hört mich. Er ist der Gott der Gerechtigkeit und der barmherzigen Güte, der seine Sonne aufgehen lässt über Gerechte und Ungerechte. Er ist ein Gott, zugleich unscheinbar und ver-

Pessach: Jeder bringt ein junges einjähriges Lamm von zu Hause mit oder kauft es im großen Vorhof des Tempels. Priester töten das Tier schnell und schmerzlos. Das Blut wird aus Schalen ins Opferfeuer gegossen. Teile der zerschnittenen Tiere werden ebenfalls verbrannt, Gott zum Opfer dargebracht. Der Rest ist zum Verzehr für die Besitzer bestimmt.

borgen, zugleich groß, herrlich und unbegreiflich. Er ist ein Gott, bereit, jedem zu vergeben, der reumütig zu ihm kommt. Er ist der Gott der allumfassenden Liebe, der Gott, der mit jubelnder Freude erfüllen kann. So wie Lukas es später von Jesus schreibt: »Manchmal wird er vom Geiste Gottes mit jubelnder Freude erfüllt. Und er preist Gott dafür, dass er ihm sagt, was vielen Klugen und Gelehrten verborgen bleibt« (Lk 10,21).

Jesus hat zu Gott gebetet: »Durchforsche mich. Sieh in mein Herz. Prüfe meine Wünsche und Gedanken (Psalm 139,23). Zeige mir meinen Weg, den Weg, den ich gehen soll. Finsternis ist nicht finster bei dir. Finsternis ist wie das Licht.«

Jesus bereitet sich vor auf das, was kommen soll. Viel trägt er in sich. Er ist auf dem Wege, ein Rufer zu werden, ein Prediger – und ein Heiler.

Später wird Josephus Flavius, ein jüdischer Zeitgenosse, der nicht Christ geworden ist, von Jesus sagen: »Er war ein weiser Mensch. Er wirkte außerordentliche Dinge. Er war Lehrer derjenigen, die die Wahrheit mit Freuden aufnahmen. Er zog viele Juden an sich und auch viele Griechen.«

Irgendwann in dieser Jugendzeit stirbt Josef, der Vater.
Jesus aber wartet. Es ist eine lange Zeit der Stille. Dann aber verlässt er sein Vaterhaus und geht und kommt, seinen Auftrag zu erfüllen.

DER TÄUFER JOHANNES

Kaiser Tiberius regiert im 15. Jahr, der Präfekt Pontius Pilatus ist der von den Römern eingesetzte Statthalter in Judäa, Herodes Antipas, Sohn Herodes des Großen, ist Landesfürst in Galiläa – da ertönt am Jordan die Stimme eines Rufers.

Es ist Johannes, ein außergewöhnlicher Mensch. Er trägt ein Gewand aus Kamelhaar mit einem Ledergürtel um den Bauch. Er ernährt sich in der Wüstengegend dort vom Honig wilder Bienen und von Heuschrecken – auf dem Feuer geröstet, schmecken sie gut.

Machtvoll predigt dieser Johannes. Buße predigt er: »Kehrt um! Kehrt um zu Gott!«, ruft er den Menschen zu, die in Scharen zu ihm kommen, Zolleinnehmer und Soldaten unter ihnen. »Ändert euch!«, ruft er: »Bessert euch! Wenn nicht, geschieht euch wie dem Baum, der keine guten Früchte bringt. Abgehauen wird er und ins Feuer geworfen!« Erschrocken sind die Menschen: »Was sollen wir denn tun?«

»Hast du zwei Hemden, gib eins ab!«, ruft Johannes. »Hast du genug Brot, gib dem, der nichts hat! Ihr Zolleinnehmer, betrügt niemand mehr! Ihr Soldaten, beraubt niemand mehr!«

Diese Predigt trifft sie ins Herz. »Ja, wir taten Unrecht«, rufen sie: »Wir wollen uns ändern. Hilf uns! Reinige uns! Taufe uns!«

Da taucht Johannes sie unter im Wasser des Jordans, dort zwischen Felsen und Gestein: »Jetzt seid ihr frei von allem, was euch bedrückt! Jetzt seid ihr rein! Jetzt habt ihr Gott! Die Taufe – das ist ein Zeichen!«

Doch führende Männer aus Jerusalem, die fragen: »Wer bist du?« Seine Antwort: »Hört auf den Propheten Jesaja! Der hat gesagt: ›Es ist eine Stimme in der Wüste: Macht den Weg bereit! Denn der Herr kommt! Baut ihm eine gute Straße!‹ – Ich bin es, die Stimme in der Wüste!«

Sie fragen: »Warum taufst du die Leute?« Er sagt: »Ich taufe nur mit Wasser. Aber nach mir kommt einer – ihr kennt ihn noch nicht –, der wird mit Feuer taufen und mit dem Geiste Gottes! Er wird die Spreu vom Weizen sondern. Den Weizen bringt er in seine Scheune. Die Spreu aber verbrennt er im Feuer!«

Mächtig ist diese Stimme in der Wüste. Johannes rüttelt das Volk auf. Den Fürsten Herodes Antipas aber klagt er öffentlich an: »Der lebt mit Herodias, der Frau seines Bruders. Er hat sie ihm weggenommen. Das ist gegen Recht und Gesetz!«

Dafür wird ihn Herodes Antipas einkerkern lassen in der Festung Machärus am Toten Meer. Denn Herodes Antipas fürchtet die Macht des Johannes und die Macht seiner Anhänger.

Jetzt aber geschieht etwas anderes:

Jesus kommt an den Jordan. Aus Nazaret in Galiläa. Johannes schaut auf. Da durchfährt es ihn: »Ja, du bist es! – Ich müsste zu dir kommen. Nicht du zu mir!«

»Taufe mich, Johannes!«, sagt Jesus. Und er steigt hinab ins Wasser des Jordanflusses. Und Johannes taucht ihn unter.

Da aber, als Jesus herauskommt aus dem Wasser, da ist es, als ob der Himmel über ihm sich weitet, sich öffnet, als ob der Himmel herabkommt auf ihn – eine Taube schwirrt herab –, da ist es, als höre er eine Stimme: »Du bist mein lieber Sohn. Dich habe ich lieb. Dich habe ich auserwählt.«

Da weiß Jesus: meine Zeit ist gekommen.

IN DER WÜSTE

Da geht Jesus in die Wüste – zu Gott. Wüste: Nichts als Sand, Steine, heißer Wind, glühende Sonne, eiskalte Nächte! Wenig zu essen. Kaum Wasser, den Durst zu stillen. Lange bleibt Jesus in der Wüste. Und er ist bei den wilden Tieren.

Und hier geschieht es, dass der Versucher ihn anfällt, der Satan. »Mach dir Brot aus diesen Steinen – und du kannst dich ernähren!« – Jesus wehrt ihn ab. »Komm mit auf die Zinne des Tempels! Spring hinab! Nichts wird dir geschehen!« – Jesus wehrt ihn ab. »Wirf dich nieder vor mir! Bete mich an! Und ich gebe dir die Herrschaft der Welt!« – »Weg von mir, Satan!« Jesus bedroht ihn, voller Zorn.

Da gibt er auf, der Satan. Da lässt er ab von Jesus. Da ist er verschwunden. Jesus hat die Versuchung bestanden. Und Gott ist mit Jesus. Und die Engel Gottes sind mit ihm.

Das alles – wie ein Traum.

Und Jesus kommt zurück aus der Wüste, dem Ort der Begegnung mit Gott.

IN GALILÄA

Und dann beginnt es in Galiläa. 35 Jahre ist Jesus alt. Und er ist erfüllt vom Geiste Gottes.

Und man sieht ihn mitten unter den Menschen – in den Dörfern, auf den Straßen, auf den Marktplätzen. Überall. Und er ist nicht mehr ruhig, nicht mehr still, nein, er ist Feuer und Flamme: »Hört mich!«, ruft er,

»hört: Gott ist mitten unter euch! Gott will euch helfen! Jetzt! Heute! Jeden Tag! Es soll jetzt besser werden mit euch!«

Besser mit uns? Sie können es kaum glauben, die einfachen Leute in ihren kleinen Häusern, die Armen und Bedrückten. So lange haben sie schon gewartet auf einen, der sie befreit von ihrer Not, auf einen, der von Gott kommt.

Er aber ruft und ruft. Er kann gar nicht mehr aufhören. »Kommt zu mir! Kommt zu Gott! Wer hungert, wird satt sein. Wer weint, wird fröhlich sein. Gott zeigt euch Barmherzigkeit. Gott zeigt euch Liebe!«

Da horchen sie auf: ›So hat noch keiner zu uns gesprochen. So lebendig. So ganz anders als die Schriftgelehrten!‹

Und sie fangen an, ihm zu vertrauen, ihm zu glauben: »Ja«, sagen sie: »Du zeigst uns, dass auch wir etwas sind. Du gibst uns Kraft, unser schweres Leben zu bestehen!«

Manche raunen: »Dieser Jesus ist der Messias, auf den wir so lange schon warten.« Jesus sagt: »Ich bin es nicht! Aber kommt zu mir, alle, die ihr so schwer tragen müsst. Ich will euch Frieden schenken und Ruhe!«

Sie schauen ihn an. Er sieht aus wie einer von ihnen: Langes Untergewand, Gürtel, Obergewand, ein Tuch auf dem Kopf, nach hinten herabhängend, Riemensandalen an den Füßen. Braun sind seine Augen, dunkel Haare und Bart. Er ist wie sie. »Nein, er ist anders«, sagen sie: »Diese Stimme! Und diese Augen! – Der weiß mehr«, sagen sie: »Vielleicht ist es wahr und er kommt von Gott!«

Dies alles geschieht in den Tagen, da der Täufer Johannes gefangen liegt in der Festung Machärus. Dies alles geschieht in den Dörfern am See Gennesaret.

Da: Jesus ist am See. Ringsum grünt und blüht es. Hier ist fruchtbares Land: Kornfelder, Nussbäume, Feigenbäume, Olivenbäume, Weinstöcke und Blumen über Blumen: Anemonen, Narzissen, Tulpen, Krokus, auch Minze, Nessel und leuchtend blühende Disteln.

Jesus geht am See entlang, am Ufer. Weit ist der Blick. Überall die Fischer. Einige stehen im flachen Wasser. Mit nackten Füßen. Sie schwingen das Wurfnetz über den Kopf. Weit fällt es hin ins Wasser. Sie ziehen es zusammen. Sie ziehen es heraus. Kleine glänzende Fische zappeln.

Andre sitzen neben ihren Booten und flicken die Netze. Bei Nacht sind sie weit hinausgefahren auf den See, dort, wo es tief ist. Dort haben sie große Fische gefangen.

Jesus kommt zu Petrus und Andreas, die mit dem Wurfnetz fischen. Und er kommt zu Johannes und Jakobus, den Söhnen des Zebedäus, die ein Boot haben. Er setzt sich zu ihnen. Er redet mit ihnen: »Ich bin Jesus aus Nazaret. Hört, was ich euch zu sagen habe: Eine neue Zeit ist da, die Gotteszeit. Das muss ich verkünden. Das ist meine Aufgabe. Ich will die Menschen frei machen von allem, was sie bedrückt. Ich will sie frei machen für Gott. Vieles wird sich ändern. Gott ist jetzt wichtiger als alles andere. Das muss ich sagen, überall. Und ich brauche Helfer dazu. Ich brauche euch!« Jeden Einzelnen schaut er an: »Dich meine ich, dich, Petrus, dich, Andreas, dich, Johannes, dich, Jakobus. Ich kenne euch. Gott braucht euch, jeden Einzelnen. Kommt mit mir! Und ihr werdet frei sein. Ich will euer Lehrer sein. Überall wollen wir den Menschen etwas zeigen von der neuen Welt Gottes! Kinder werden sie erlangen, Frauen, Arme, Kranke, Fremde, solche, die sanft sind, solche, die nicht aus sind auf Gewalt und Krieg.

Kommt mit mir! Lasst eure Boote! Lasst eure Netze! Ihr sollt jetzt ein unsichtbares Netz auswerfen, das Netz Gottes. Ihr sollt jetzt Menschen fangen für Gott! Ihr sollt jetzt Menschenfischer sein!«

Da stehen sie auf. Sie blicken ihn an, sie sind tief erstaunt. Es geht etwas aus von diesem Mann aus Nazaret, so viel Kraft. Seine Augen, seine Stimme ...

Sie wenden sich ihm zu. Sie spüren, es geht nicht anders. Und sie gehen mit ihm. Das ist unglaublich. Sie schauen zurück auf ihre Boote, ihre Netze. Sie lassen alles liegen. Sie lassen alles zurück, Frau und Kinder, Mutter und Vater, alle, die ihnen lieb sind, auch ihr Fischerhaus. Sie wollen jetzt seine Schüler sein, seine Jünger, alles tun, wozu er sie anleitet, alles tun wie er.

Sie sind jetzt mit ihm zusammen. Eine neue Gemeinschaft bilden sie, die Jesus-Gemeinschaft.

Später wird Petrus fragen: »Was bekommen wir dafür?« Jesus wird sagen: »Jeder, der für mich und die Gute Nachricht seine Kinder zurücklässt, Geschwister, die Frau, Eltern und seinen Besitz, der wird in der kommenden Welt Gottes das Leben haben.«

DIE SCHÜLER UND SCHÜLERINNEN DES RABBI

Zwölf Stämme hat das Volk Israel. Zwölf junge Männer gehen mit Jesus als seine Schüler. Die vier Fischer sind es; es ist Philippus aus dem Fischerdorf Betsaida am See – auch Petrus stammt von dort –, es ist Bartholomäus, der Sohn des Tolmai, später ist es Matthäus (Levi), ein Steuerpächter aus Kafarnaum am See, es ist Tomas, der Zwilling, es sind Jakobus, Sohn des Alphäus, Taddäus, der Mutige, Simon, der Zelot, der ein heimlicher Kämpfer war gegen die Römer, und Judas aus Kariot, der Jesus später ausliefern wird.

Alle hat Jesus in seinen Bann gezogen. Alle hat er angesteckt. Sie wollen nicht mehr lassen von ihm. Sie wollen unterwegs sein mit ihm. Sie wollen von ihm lernen.

Er schaut sie an: »Wisst ihr wirklich, worauf ihr euch einlasst? – Auf ein unsicheres Leben! Ein Fuchs hat seine Höhle, ein Vogel sein Nest. Ihr habt jetzt kein Zuhause mehr, kein Bett für euren Schlaf!«

Sie aber zögern nicht. Sie wollen alles tun, die neue Welt Gottes zu erlangen. So wie der Mann, der in seinem Feld einen verborgenen Schatz fand und all sein Hab und Gut verkaufte, nur um diesen einen Schatz zu besitzen. So wie der Perlenhändler, der eine riesige wunderschöne Perle sah und sofort all seine anderen Perlen verkaufte, nur um diese eine Perle zu besitzen. Sie wollen alles tun, diese jungen Leute, die neue Welt Gottes zu verkünden. Sie wollen lernen von Jesus, wie man das macht, Menschen fangen für Gott.

Und dann geschieht etwas Unglaubliches: Frauen, die sonst so wenig geachtet sind, Frauen kommen zu Jesus. Sie wollen mit ihm gehen, auch seine Schülerinnen sein. Auch sie wollen da sein für die neue Welt Gottes. Das gab es bisher nicht. Bisher gingen immer nur Männer mit einem Lehrer. Jesus aber nimmt sie auf in die Gemeinschaft. Maria aus dem Dorf Magdala am See kommt. Susanna kommt. Johanna kommt, die

Frau des Chuzas, der ein Verwalter der Güter des Herodes Antipas ist. Johanna ist nicht unvermögend. Sie kann die neue Gemeinschaft in vielem unterstützen.

So ziehen sie denn durch Galiläa – auf staubigen Wegen. Die große Römerstraße nach Jerusalem meiden sie. Heut sind sie in den Bergen, morgen am See. Manchmal bleiben sie nur kurz in einem Ort, manchmal länger.

Sie leben einfach. Meist haben sie nur wenig zu essen im Vorratsbeutel: ein paar Stücke Brot, etwas Käse, getrocknete Feigen, Oliven. Sie leben von der Hand in den Mund. Betteln müssen sie nicht. Immer geben ihnen die Menschen zu essen, oft von dem Wenigen, das sie selbst haben. Denn die Menschen in Galiläa sind gastfreundlich. Und nachts nehmen Jesus und seine jungen Freunde das Obdach, das ihnen geboten wird. Manchmal schlafen sie auch unter den Sternen.

Nur eins wollen die jungen Leute: Mit Jesus zusammen sein, lernen von ihm. Sie sorgen sich nicht. Sie sind ohne Angst vor dem, was morgen kommt. Jesus hat es sie gelehrt: »Sorgt euch nicht! Fragt nicht voller Angst: ›Was werden wir essen? Was werden wir trinken?‹ Euer Vater weiß doch, was ihr braucht. Seht die Raben: Sie säen nicht, sie ernten nicht. Sie sammeln nicht in Scheunen. Und Gott ernährt sie doch. Seht die Blumen auf dem Feld. Sie spinnen nicht. Sie weben nicht. Und nicht einmal König Salomo in all seiner Pracht war gekleidet wie sie!«

Begeistert ist Jesus, wenn er so etwas sagt. Und die jungen Leute sind es auch. Oft sind sie fröhlich. Dann tanzen sie. Alle aus der Jesus-Gemeinschaft, aus der Familie Gottes, Männer und Frauen. Sie wissen: Wenn wir anklopfen, wird uns aufgetan. Wenn wir bitten, wird uns gegeben. Wenn wir suchen, werden wir finden. Gott lässt uns nicht allein.

Und Jesus lehrt sie, zu Gott zu beten. Manchmal entfernt er sich von ihnen, geht in die Einsamkeit, um allein zu sein mit Gott.

Einmal kommt er zurück. Und da spricht er über das Beten: »Leiert eure Gebete nicht herunter! Macht nicht so viele Worte! Stellt euch nicht groß hin! Betet im Verborgenen zu eurem Vater, der im Verborgenen ist. Bittet unaufhörlich! Liegt Gott in den Ohren, wie jene Witwe dem ungerechten Richter in den Ohren lag, ihr Recht zu bekommen, unaufhörlich, bis er endlich sagte: ›Jetzt reicht's mir. Mag sie ihr Recht haben!‹ Betet so«, sagt Jesus:

»Du, unser Vater:
Dein Name werde heilig gehalten.
Deine neue Welt komme.
Dein Wille geschehe.
Gib uns heute, was wir zum Leben brauchen.
Vergib uns, wenn wir schuldig werden,
wie auch wir vergeben wollen.
Und beschütze uns vor dem Bösen.
Amen.«

DER LEHRER

Sie nennen Jesus ›Rabbi‹, ›Lehrer‹. Dabei hat er nie ›studiert‹, nie bei einem Meister der Schriftauslegung gelernt, wie die Schriftgelehrten sonst. Aber er kennt die Schrift, die Hebräische Bibel, durch und durch.

Jesus sagt: »Das Gesetz, die Tora, die Weisung für das Leben, so wie sie in der Schrift steht, ist wichtig. Ich halte mich daran. Ich bin nicht gekommen, das Gesetz abzuschaffen. Aber ich will euch zeigen, wie ihr menschlicher damit leben könnt.« Und Jesus lehrt: »Handelt gegenüber euren Mitmenschen so, wie ihr von ihnen behandelt werden wollt. Das ist im Grunde schon das ganze Gesetz, die Weisung für euer Leben. Liebt euren Mitmenschen, euren Nächsten, wie ihr euch selbst liebt!

Seid vorsichtig mit Verurteilungen! Wie schnell seht ihr den Splitter im Auge eures Mitmenschen und nicht den Balken im eigenen Auge!

Leidet lieber Unrecht, als dass ihr es tut. Wenn euch jemand ungerechterweise auf die Backe schlägt, schlagt nicht zurück! Nicht Auge um Auge, Zahn um Zahn, wie manche meinen. Haltet lieber die andere Backe auch noch hin. Auch wenn es schwer fällt. Das heißt wirklich etwas tun für den Frieden.

Habt die lieb, die euch Feind sind. Auch wenn es schwer fällt. Tut denen Gutes, die euch hassen. Dann seid ihr Gott ganz nahe!

Und vergebt! Wenn euer Bruder sich siebenmal am Tag gegen euch vergeht und er bereut es, vergebt ihm siebenmal. Wenn öfter, vergebt ihm öfter. Vergebt ihm immer!

So ist das bei Gott, nämlich wie bei einem König, der mit seinen Verwaltern abrechnen will. Und es wird ihm einer vorgeführt, der schuldet ihm eine riesige Summe. Und er kann's nicht bezahlen. Und weil er so bitter fleht und bereut – auf den Knien vor dem König –, erlässt ihm der Herr die ganze Schuld. Er vergibt ihm von Herzen.

Kaum aber ist dieser Mensch draußen, da sieht er einen, der ihm etwas schuldet, eine winzige Summe. Und schon wirft er sich auf ihn und würgt ihn: ›Bezahle! Sofort!‹ Und als der's nicht kann, lässt er ihn in den Schuldturm werfen.

Das wird dem König hinterbracht. Voller Zorn lässt er den Menschen vorführen: ›Du Schurke! Hättest du mit ihm nicht tun können, wie ich mit dir? Ihm vergeben? Dich seiner erbarmen?‹ Und der König überantwortet ihn dem Gericht.

Gott wird dir immer vergeben«, meint Jesus, »so oft du ihn reumütig darum bittest. Aber wenn du nicht auch vergibst, dann bist du sehr weit entfernt von Gott!«

Radikale Dinge sagt Jesus:
»Es heißt im Gesetz: ›Du sollst nicht morden!‹ Ich sage euch: Seinen Bruder hat schon getötet, wer nur Böses von ihm denkt!

Es heißt im Gesetz: ›Du sollst die Ehe nicht brechen!‹ Ich sage euch: Die Ehe hat schon gebrochen, wer die Frau eines anderen voller Begier anschaut!

Es heißt im Gesetz: ›Begeht keinen Meineid!‹ Ich sage euch: Haltet euch an die Wahrheit! Sagt einfach ›ja‹ oder ›nein‹, ganz aufrichtig. Dann braucht ihr überhaupt keinen Eid!

Ich bin gekommen, Feuer in die Welt zu bringen«, sagt Jesus. »Ich will, dass es auch brennt!«

Sie fragen ihn nach dem Gericht. »Gericht«, sagt Jesus: »Ihr werdet gerichtet danach, wie ihr zu euren Schwestern und Brüdern steht. Ob ihr ihnen helft, wenn sie euch brauchen, oder nicht. Wenn nicht, seid ihr schon gerichtet. So ist das«, sagt Jesus, »Gericht ist immer, Tag für Tag, solange ihr lebt. Handelt ihr gut, erwartet euch Gutes, handelt ihr böse, erwartet euch Strafe. Niemand aber kann sagen, ich tue mehr Gutes als andere. Vor Gottes Gericht sind alle gleich. Da gibt es keine Ersten und keine Letzten!

Schaut die ganze Welt unbefangen und unverbogenen Sinnes an«, lehrt Jesus, »dann werdet ihr sie auf einmal im strahlenden Lichte Gottes sehen!

Es ist doch unsinnig«, sagt er, »ein brennendes Öllämpchen unter eine Schüssel zu stellen. Da kann es nur erlöschen. Es gehört auf den hohen Leuchter! Lasst es brennen, euer Licht! Lasst es leuchten in der Welt! Ihr seid das Licht in der Welt!

Ihr seid das Salz der Erde«, sagt Jesus, »ihr durchdringt alles. Wenn nicht, seid ihr schlechtes Salz!«

Seit altersher unterscheiden die Juden reine und unreine Speisen. Jesus sagt: »Nicht, was ihr esst, macht euch unrein, nicht, was ihr von außen in euch aufnehmt, vielmehr, was aus euch herauskommt, die bösen Gedanken aus eurem Herzen! Unrein werdet ihr durch Neid, Verleumdung, Habsucht, durch Betrug, Ehebruch, Mord und andere schlimme Dinge.

Gott steht auf der Seite der Armen«, sagt Jesus, »auf der Seite der Hungernden, auf der Seite der Weinenden und Leidenden, auf der Seite der Friedliebenden, auf der Seite der ungerecht Verfolgten, auf der Seite derer, die nichts aus sich machen, die ein reines Herz haben, auf der Seite derer, die auf ihn hoffen und die barmherzig sind. Die alle sind immer bei ihm.

Wer auf mich hört«, sagt Jesus, »der gleicht dem klugen Mann, der sein Haus auf Felsengrund baute und nicht auf Sand. Darum sperrt eure Ohren auf! Hört!«

Einige sagen: »Rabbi, du redest gut. So wie du hat noch keiner zu uns gesprochen. Du kennst das Gesetz, die Propheten, die Schrift. Aber du lehrst ganz ungewöhnlich, ganz anders als die Schriftgelehrten. Du lehrst wie einer, der Macht hat von Gott!«

Andere sind verunsichert: »So hat noch nie einer zu uns gesprochen. Was sollen wir davon halten? Wie sollen wir damit umgehen?«

Wieder andere sagen: »Dieser Jesus stellt sich über das Gesetz, über die Tora. So darf der nicht lehren. Der ist nicht von Gott, der ist gegen Gott!«

GOTTES NEUE WELT

Sie ziehen durch Galiläa. Am Weg ernten Bauern und Bäuerinnen das Korn mit der Sichel. Andere dreschen. Andere worfeln. Wieder andere pflügen das abgeerntete Feld neu. Wieder andere säen. Wieder andere pflügen die neue Saat unter.

Jesus sieht mehr dahinter. Und er erzählt: »Das Saatkorn wächst über Nacht«, sagt Jesus: »Es sprosst und wird zum Halm, dann zur Ähre mit Körnern. Alles ohne Zutun des Menschen. Ein Sämann wirft den Samen aus«, erzählt Jesus: »Einige Körner fallen auf den Weg. Vögel kommen und picken sie auf. Einige Körner fallen auf felsigen Untergrund. Sie können keine Wurzeln schlagen. Einige Körner fallen ins Dornengestrüpp. Alles, was aufwächst, wird von den Dornen erstickt. Einige Körner fallen in gute Erde. Die Halme wachsen empor und bringen gute Frucht, manche Ähren mit 30, manche mit 60, manche mit 100 Körnern!

So ist es mit der neuen Welt Gottes«, sagt Jesus: »Sie kommt über Nacht. Aber nicht überall kann sie sich erfolgreich durchsetzen.

Die neue Welt Gottes kann bestehen neben der Welt des Bösen«, sagt Jesus. »Darum soll das Unkraut unter dem Wei-

zen nicht ausgerissen werden. Der Weizen selbst könnte Schaden nehmen dabei. Versteht mich«, sagt Jesus: »Gott lässt seine Sonne aufgehen über Böse und Gute. Er lässt regnen über Gerechte und Ungerechte. Und merkt euch das eine«, sagt Jesus: »Ihr seid frei in euren Entscheidungen, in euren Handlungen. Ihr könnt das Gute tun, aber auch das Böse.«

Jesus weiß, man kann sich von Gott kein Bild machen. Man kann ihn und seine neue Welt nur mit etwas vergleichen, mit etwas, das sich verändert. Dann können die Menschen etwas von Gott verspüren.

»Gott durchdringt alles«, sagt Jesus, »so wie der Sauerteig den Brotteig durchdringt. Und ihr, meine Freunde und Schüler«, sagt Jesus, »ihr sollt die ganze Welt durchdringen, so wie das Salz das Wasser durchdringt. Ihr sollt euer Licht leuchten lassen weit über die Welt, als stände es auf einem hohen Berg.

Die neue Welt Gottes wird sich ausbreiten«, sagt Jesus, »nach allen Seiten hin, groß und immer größer. So wie die Senfstaude im Garten, hervorgekommen aus einem winzigen unscheinbaren Samenkorn, groß und immer größer wird, sodass schließlich die Vögel des Himmels ihr Nest darin bauen.

Gott ist anders, als manche ihn sich vorstellen«, sagt Jesus: »Er ist wie der Vater, der den Sohn, der reumütig umkehrt, als er alles väterliche Erbteil in der Fremde durchgebracht hat und bei unreinen Schweinen auf dem Felde sitzen

muss, in Liebe und Freude wieder aufnimmt, ihm das Festkleid bringen lässt, Sandalen und einen kostbaren Ring, wie der Vater, der ein Kalb schlachten lässt und ein Fest feiert mit Musik und Tanz. Und der auch den unwilligen Bruder, der zu Hause blieb und alle Arbeit machte, einlädt: ›Freue dich doch mit!‹

Jeden, der umkehrt, nimmt Gott, euer Vater, wieder zu sich«, sagt Jesus: »Es ist wie mit dem Hirten der hundert Schafe, der die neunundneunzig zurücklässt und hinter dem einen, das sich verlaufen hat, herläuft und sucht und sucht, bis er es findet. Und dann ist die Freude groß.«

Oft erzählt Jesus solche Vergleichsgeschichten. Und die Menschen verstehen ihn immer. Sind ihnen doch die Bilder, die Jesus wählt, aus ihrer Lebenswelt ganz vertraut.

»Gott kommt zu den Verlorenen«, sagt Jesus, »zu denen, die den Weg zurückfinden wollen zu ihm. Das können solche sein wie der Sohn, der den Vater verließ, das können Zolleinnehmer sein oder auch Prostituierte. Und ich«, sagt Jesus, »ich komme auch zu ihnen.«

Was Jesus erzählt, das geht aus ins Land. Von überallher laufen die Menschen ihm zu. In Scharen. Sie wollen ihn hören, den, der so gut von Gott erzählt, so bilderreich. Er ist wie ein Magnet, der alle anzieht.

DER ERZÄHLER

Einmal tritt einer zu Jesus und fragt: »Herr, was muss ich tun, um in die neue Welt Gottes zu kommen?« Jesus sagt: »Du weißt es doch!« »Ja«, sagt er: »Ich soll meinen Nächsten lieben wie mich selbst!« »Also«, sagt Jesus, »was fragst du mich!« Er aber: »Wer ist denn mein Nächster? Auch der Fremde aus dem Ausland?«

Da erzählt Jesus die Geschichte von dem Mann, der aus Jerusalem durch die tote, heiße, steinige Wüste Juda den Weg nach Jericho nahm, der von Wegelagerern überfallen, ausgeraubt und halbtot geschlagen wurde und der am Weg lag und schrie und schrie. Und wie ein Priester vom Tempel in Jerusalem vorüberging und seiner nicht achtete. Und wie ein Tempeldiener vorüberging und seiner nicht achtete. Und wie schließlich ein Samaritaner, für die Juden der Fremde aus dem Ausland, mit seinem Reittier vorbeikam und seiner achtete, ihm die Wunden verband, ihn auf sein Reittier setzte und ihn weit bis zu einer Unterkunft brachte und dort Geld für ihn gab, dass man für ihn sorge.

»Also« – Jesus schaut den Fragenden an – : »Wer war dem Überfallenen in der Wüste, der da so schrie, der Nächste?« – »Der Samaritaner«, antwortet er. »Recht gesprochen«, sagt Jesus. »Nun weißt du, wer dein Nächster ist – wem du der Nächste bist, nämlich dem, der dich braucht. Ganz gleich, ob er ein Fremder ist oder nicht. Gehe hin und tue auch so, dann bist du ganz bei Gott!«

»Denkt ihr«, sagt Jesus, »Gott will die in seiner neuen Welt haben, denen immer etwas anderes im Sinn steht, die das Wichtigste nicht kennen, nämlich der Einladung Gottes unverzüglich zu folgen?«

Und schon erzählt er: »Ein großer Herr hat viele zu seinem Gastmahl eingeladen. Kurz vor Beginn schickt er noch einmal seinen Diener zu den Geladenen: ›Kommt! Es ist alles bereitet!‹

Da, plötzlich: Einer sagt: ›Ich muss das Feld besichtigen, das ich soeben gekauft habe.‹ Einer sagt: ›Ich muss die Ochsen besichtigen, die ich soeben gekauft habe.‹ Einer sagt: ›Ich habe soeben geheiratet. Es geht nicht!‹

Alle entschuldigen sich. Da wird der Herr zornig und er sagt zum Diener: ›Dann geh in die Straßen der Stadt und hole die Armen, die Bettler, die Krüppel, die Blinden!‹ Der Diener tut's. Und sie kommen alle. Doch es ist noch Platz da im Haus.

Da schickt der Herr den Diener ein zweites Mal: ›Hinaus auf die Wege vor der Stadt, an die Hecken und Zäune. Bitte zum Mahl, wen du findest. Jeder ist mir recht!‹ Der Diener tut's. Und alle, alle kommen.

Wen Gott einlädt, der muss auch kommen«, sagt Jesus. »Sonst wird er ausgeschlossen. Sonst sind andere dran. Gottes Ruf ist dringlich!

Die aber kommen«, sagt Jesus, »die werden mit Gott zu Tisch sitzen in seiner neuen Welt. Und das wird schön sein, ganz wunderbar.

Denkt ihr, ihr könntet berechnen, wie Gott mit euch umzugehen hat«, sagt Jesus. »Oder wer der Erste und der Letzte ist, wenn Gott lohnt? – Nein, bei Gott stehen die Dinge anders.

Das ist so wie mit einem Unternehmer, einem Weinbergbesitzer, der Arbeiter braucht für die Traubenernte. Morgens um 6 geht er auf den

Marktplatz, wo die Arbeitslosen herumstehen und sagt: ›Kommt! Ich zahle einen Denar!‹ Sie sind einverstanden. Sie kommen.

Er aber braucht noch mehr Arbeiter. Da geht er um 9 noch einmal hin und holt sich weitere Arbeiter. ›Ich gebe, was recht ist‹, sagt er. Sie sind einverstanden. Genauso um 12 und noch einmal um 3 und noch einmal um 5.

Um 6 ist Auszahlung. Die letzten, die von 5 Uhr, bekommen zuerst: Einen Denar! Die von 3 Uhr auch: Einen Denar! Die von 12 Uhr auch: Einen Denar! Die von 9 Uhr auch: Einen Denar!

Da heben die von 6 Uhr die Hände und protestieren: ›Wir müssen mehr bekommen! Wir haben doch die ganze Last und Hitze des Tages getragen!‹

Der Herr sagt zu einem von ihnen: ›Freund, wir haben einen Denar vereinbart!‹ Der kann es nicht bestreiten.

Der Herr sagt: ›Warum soll ich den Letzten nicht ebenso viel geben wie den Ersten? Willst du mir zürnen, dass ich so gütig bin?‹

Das ist es«, sagt Jesus. »Ihr müsst umdenken! Eure Maßstäbe gelten nicht bei Gott! Gott rechnet anders! Nach seiner Güte! Er gibt den Menschen, so viel sie zum Leben in seiner neuen Welt brauchen. Nicht mehr und nicht weniger. Das ist wie der eine Denar. Mag er mehr oder weniger tun für Gott, der Mensch«, sagt Jesus, »der Lohn Gottes ist immer der gleiche, nämlich bei ihm sein zu dürfen in seiner neuen Welt.«

Und Jesus sendet die Jünger aus: »Geht zu den Verlorenen vom Volk Israel! Nehmt nichts mit auf den Weg, keine Vorratstasche, kein zweites Hemd, kein Geld, kein Brot, nur einen Wanderstock. Nehmt an, was man euch gibt. Aber nehmt kein Geld! Wenn ihr ein Haus betretet, wünscht allen, die darin wohnen, Frieden. Nimmt man euch auf, bleibt. Sonst aber zieht weiter!«

Und die Jünger machen sich auf, überall durch die Dörfer. Wie Jesus sagen sie die neue Welt Gottes an. Und sie fordern die Menschen auf, ihr Leben zu ändern. Sie versuchen es auszuwerfen, das Netz Gottes.

IN DER SYNAGOGE VON NAZARET

Und dann ist Jesus in Nazaret, in seiner Heimatstadt. Es ist Schabbat, der Tag frei zur Freude am Miteinandersein, zur Freude am guten Essen, der Ruhetag, frei für die Schönheit des Lebens und das Lob Gottes. Sogar die Frauen können sich ausruhen. Am Abend vorher haben die Leute von Nazaret wie überall den Schabbat feierlich begrüßt mit leuchtenden Kerzen, gemeinsamem Essen und dem Lobe Gottes.

Es ist am Morgen. Jesus geht in die Synagoge, wo er gelernt hat als Kind beim Rabbi. Auch seine Mutter Maria ist da.

Die Öllämpchen auf der Menora brennen. Jesus ist bei den Männern. Er trägt den Gebetsmantel. Der Segen ist gesprochen. Sie haben das ›Schmah Israel‹ gesungen. Die Lesung aus der Tora-Rolle ist beendet.

Und als der Diener die Rolle mit Worten des Propheten Jesaja bringt, steht Jesus auf. Er tritt ans Lesepult. Er öffnet die Rolle. Und er wählt die Stelle, in der es heißt: ›Gott hat mich mit seinem Geist erfüllt. Er hat mir den Auftrag gegeben, den Armen gute Nachricht zu bringen, den Gefangenen zu verkünden, dass sie frei sind, den Blinden, dass sie Sehende werden, den Unterdrückten, dass alle Unterdrückung jetzt aufhört. Und eine Zeit wird sein, in der Gott beginnt, sein Volk zu retten.‹

Jesus schließt die Rolle. Alle blicken voller Spannung auf ihn: Was wird er jetzt sagen?

Jesus schaut sie an: »Dies alles geht ab heute in Erfüllung. Von heute an wird es geschehen, in diesem Augenblick, da ihr es hört!«

Da sind sie erstaunt, hoch verwundert: »Woher hat er das?«, fragen sie, »diese Klugheit? Dieses Selbstbewusstsein, das Prophetenwort so auszulegen?« Sie sehen ihn an: »Ist nicht Maria, diese einfache Frau unter uns, deine Mutter? Sind nicht Jakobus, Josef, Simon und Judas, alles einfache Leute, deine Brüder? Und leben nicht deine Schwestern hier bei uns? Nein, du kannst nicht ein so großer Prediger sein. Auch du bist nur ein einfacher Mann!«

Jesus schaut sie an: »Sicher werdet ihr jetzt sagen: ›Wenn du anderswo große Dinge tust, dann tu sie doch auch hier, in deiner Heimatstadt!‹ Aber hier glaubt man mir nicht. Ein Prophet wird überall geachtet, nur nicht in seiner Heimat, bei denen, die ihn kennen, bei seiner Familie, bei seinen Verwandten!«

Da werden sie wütend, als sie das hören. Da jagen sie ihn aus der Synagoge hinaus bis an den Rand des Berges nahe Nazaret.

Jesus aber geht hin und tut all das, was er angesagt hat: Er kommt zu den Armen, ihnen die Gute Nachricht zu bringen. Er kommt zu den Kranken, die in ihrer Krankheit gefangen sind oder darin, dass sie ausgestoßen wurden. Er kommt zu den Blinden, dass sie sehend werden. Er kommt zu den Unterdrückten, dass alle Unterdrückung aufhört.

In Kafarnaum

Jesus kommt nach Kafarnaum am See. Hier ist er sehr häufig. Hier erfahren die Leute viel von ihm. Durch seine Reden und durch seine Taten. Hier kennt ihn jeder. Kafarnaum ist wie sein Zuhause.

Jesus geht in das Haus von Petrus und Andreas. Es ist ein kleines Fischerhaus. Sie haben ihn gebeten zu kommen. Denn die Schwiegermutter des Petrus liegt mit hohem Fieber auf ihrer Schlafmatte. Sie bitten Jesus: »Hilf ihr!« Er tritt zu ihr, nimmt sie bei den Händen und richtet sie auf. Und schon ist das Fieber verschwunden. Sofort steht die alte Frau auf und bereitet für alle das Essen. Sie lassen es sich munden. Es geht etwas aus von Jesus, heilende Kraft. Die alte Frau hat das gespürt.

Dann kommen die Jünger zurück von ihrer Wanderung durch die Dörfer. Überall haben sie versucht, das Netz Gottes auszuwerfen. Sie sitzen im Kreis mit Jesus. Er fragt: »Worüber habt ihr unterwegs gesprochen?« Sie schweigen betreten. Jesus ahnt es – er weiß es. Er schaut sie an: »Niemand unter euch ist der Erste. Wer sich groß dünkt, der ist bei Gott ganz klein. Jeder von euch soll dem anderen dienen. Dann seid ihr Gott recht.«

Und dann geht Jesus in die Synagoge von Karfanaum. Er spricht zu den Menschen dort. Sie sind tief beeindruckt. So voller Kraft ist seine Rede.

Und ein Mann ist dort in der Synagoge, der ist gemütskrank, geisteskrank. Alle sagen: ›Der ist besessen von einem bösen Geist, einem Dämon. Nur wenn der Dämon ausfährt, kann er wieder gesund werden.‹ Der Mann schreit laut – und es ist, als schreie der Dämon aus ihm – : »Jesus, was hast du vor mit mir? Willst du mich zugrunde richten? Ich kenne dich genau. Du bist von Gott!«

Jesus fährt ihn an: »Sei still!«

Und schon wird der Mann hin- und hergerissen, fällt zu Boden, ein furchtbarer Schrei – und er ist still. – Ausgefahren ist der quälende Geist. Der Mann ist frei von seiner Krankheit, von all den seelischen Qualen.

Außer sich sind die Menschen: »Dieser Jesus! Er befiehlt den Dämonen, dass sie ihm gehorchen. Wer ist der?« Einige meinen sogar: »Der steht mit dem Teufel im Bunde!« Jesus sagt: »Alles geschieht durch Gottes Kraft. Wenn ich Dämonen austreibe, dann wird für euch sichtbar, dass Gottes neue Welt ihren Anfang nimmt. Nur darum geht es!« Die Menschen aber reißt es hin und her. Sie müssen das weitererzählen. Wie ein Lauffeuer verbreitet sich die Kunde von dieser Heilungstat ringsum in den Dörfern von Galiläa.

Jesus aber geht hinaus zum See. Hier am Stadtrand ist die Zollstation des Levi, den manche auch Matthäus nennen. Er ist Zolleinnehmer des

Nachfolgende Seiten: Enge Straßen, Flachdachhäuser, viele Läden, ein Marktplatz voller Leben, Gewerbetreibende, Schriftgelehrte, Bettler; am Stadttor rechts oben eine Zollstation (Levi); Fischerboote zum See hin, auf der Uferstraße römische Berittene; in der Mitte die mächtige Synagoge (hier hat Jesus gepredigt und geheilt), im Hof der Rabbi mit seinen Schülern – das ist Kafarnaum, Zentrum der Verkündigung Jesu in Galiläa.

Herodes Antipas, denn nicht weit von Karfanaum verläuft die Grenze zwischen dessen Herrschaftsgebiet und dem seines Bruders Philippus.

Jesus schaut Levi an. Und wieder ist es diese seltsame Kraft, die von ihm ausgeht. Er sagt ganz einfach: »Levi, lass deine Arbeit! Ich brauche dich! Komm mit mir, die neue Welt Gottes zu verkünden.«

Levi sagt: »Ich bin Steuereinnehmer. Siehst du denn nicht, wie sie mich hassen? Ich habe sie ja auch betrogen. Immer habe ich mehr genommen als vorgeschrieben ist.«

Aber Levi spürt es. Er vermag ihr nicht zu widerstehen, dieser Kraft, die von dem Mann Gottes ausgeht.

Da steht er auf. Er verlässt seinen einträglichen Posten. Er sagt zu Jesus: »Ich komme mit. Ich will dir folgen. Aber zuerst kommst du zu mir, zum Essen, heute Abend!«

Und es geschieht: Am Abend kommt Jesus in das Haus des verachteten Zolleinnehmers und sitzt mit ihm und seinen Zöllnerfreunden zu Tisch. Er spricht den Segen. Er bricht das flache Brot. Er verteilt das Brot. Alle essen. Alle sind fröhlich.

Das aber erregt Aufsehen: Jesus in schlechter Gesellschaft, Jesus, der sich gemein macht mit Zöllnern und Sündern!

Zoll wird erhoben, Gebühr für beförderte Ware. Überall in seinem Herrschaftsgebiet hat Herodes Antipas solche Zollstationen. Levi hat den Zoll in Kafarnaum gepachtet. Auch er gehört zu den Zolleinnehmern, die sich persönlich bereichern.

Pharisäer, von vielen wegen ihrer Frömmigkeit hoch geachtet, erregen sich: »Wie kann er das tun? Wie kann er mit solchem Gesindel zusammen essen!?«

Jesus gibt ihnen Antwort: »Es sind doch diese, zu denen ich gekommen bin. Die Kranken brauchen den Arzt, nicht die Gesunden! Auch diese Zöllner gehören zu Gott! Wenn sie umkehren, werden sie einst mit Gott zu Tisch sitzen, so wie jetzt mit mir!«

Levi – Matthäus aber geht von jetzt an mit Jesus. Er wird einer der zwölf Schüler. Er folgt Jesus überallhin. Er will jetzt ganz da sein für Gott.

An einem anderen Tag in Kafarnaum: Jesus predigt in einem Haus, in dem er oft ist. Das Haus ist voll von Menschen. Alles drängt sich. Auch draussen vor der Tür großes Gedränge.

Wer sind diese Pharisäer, die sich so aufregen, dass Jesus sich mit den outlaws der damaligen Gesellschaft abgibt? Eine besondere Gruppe, eine jüdische Religionspartei. Zur Zeit Jesu gibt es etwa 6000 von ihnen. Überall im Land kann man sie finden. Viele von ihnen arbeiten als Handwerker. Jesus ist ihnen oft begegnet.

Was sie auszeichnet? Ihre unerschütterliche Treue zum Gesetz. Ihr Wille, alle Vorschriften, auch die kleinsten, aufs Genaueste zu befolgen. Ihre Frömmigkeit. Ihr Gebetseifer. Sie leben das Gesetz, die Tora, im Alltag, freuen sich, Gott in großen und kleinen Handlungen verehren zu dürfen. Von der obersten jüdischen Behörde in Jerusalem, dem Hohen Rat, werden sie wegen ihrer Gesetzeskenntnis oft gehört. Beim Volk sind sie beliebt. Ihr Einfluss auf die Menschen ist groß. Sie glauben an die Auferstehung der Toten und eine unsterbliche Seele.

Einige von ihnen tragen ihr frommes Gebaren öffentlich zur Schau. Das hat Jesus angeprangert. Einmal sagte er: »Ihr wollt andere führen und seid doch selbst blind.« Ein andermal sagt er: »Das Wichtigste im Gesetz – Gerechtigkeit, Treue, Barmherzigkeit –, das lasst ihr außer Acht!«

So etwas bringt sie auf gegen ihn. Sie finden es auch nicht gut, dass Jesus am Schabbat heilt. Darüber streitet Jesus mit ihnen.

Da kommen vier mit einem Gelähmten auf einer Tragmatte. Sie wollen mit ihm zu Jesus. Sie glauben, dass Jesus ihn heilen kann. Aber sie kommen nicht hinein. Niemand lässt sie durch.

Da steigen sie mit ihm die Außentreppe hoch auf das Flachdach, setzen ihn ab, finden Werkzeug und fangen an, den Lehm zwischen dem Flechtwerk wegzukratzen und das Flechtwerk herauszureißen, bis sie ein Loch haben, genau über Jesus, groß genug, den Mann an Stricken herunterzulassen.

Jesus schaut auf. Er weiß, worauf sie hoffen. Er weiß, dass viele denken, wer krank ist, der hat Schuld auf sich geladen. Jesus schaut den Gelähmten an: »Du, deine Schuld ist dir vergeben!«

Die Menschen wundern sich: Warum sagt er nicht ›Steh auf und gehe!‹?

Es sind aber auch Schriftgelehrte unter den vielen dort. Die denken: ›Das darf er nicht sagen. Schuld vergeben darf Gott allein.‹

Jesus schaut sie an. Er ahnt es – er weiß es, was sie denken. Da sagt er: »Doch, ich darf es ihm zusagen. Und damit ihr es glaubt ...« – Jesus schaut den Gelähmten an – : »Ich sage dir, stehe auf, nimm deine Matte und geh!«

Wer sind diese Schriftgelehrten?: Zu Anfang waren sie Schreiber, die Tora-Rollen schrieben. Zur Zeit Jesu helfen sie vielen Leuten in Schriftsachen aller Art. Darum tragen sie auch immer Schreibtafel und Schreibgerät mit sich. Wichtiger ist: Sie haben bei einem besonders befähigten Lehrer die Auslegung der Schriften erlernt. Seitdem dürfen sie sich offiziell ›Lehrer‹, ›Rabbi‹ nennen. Manche von ihnen haben Schüler.

Man findet sie überall im Land, nicht zuletzt im Tempel von Jerusalem. Sie sind die berufenen Ausleger des Gesetzes, wirkliche Autoritäten. Jedermann hört auf sie.

Gegenüber Jesus nehmen sie oft eine beobachtende Haltung ein. Vieles in seiner Predigt, seiner Gesetzesauslegung, bei seinen Heilungstaten und wie er sie erklärt, ist ihnen zu ungewohnt, zu überraschend.

Nicht selten ist ein Schriftgelehrter auch ein Pharisäer – und umgekehrt.

Sofort steht er auf und geht durch die vielen hinaus, geheilt an Leib und Seele. Freude erfüllt ihn ganz und gar. Er war gefangen in seiner Krankheit, in seiner Schuld. Jetzt ist er frei.

Die vielen aber sind wie benommen: »Dieser Gottesmann, er vergibt die Schuld, er heilt die Krankheit. Welch ein Mensch! So etwas haben wir nie gesehen!«

Die Schriftgelehrten sagen nichts.

Aber es ist geschehen, was Jesus in Nazaret sagte: Gott beginnt sein Volk zu retten.

An einem anderen Tag in Kafarnaum. Wieder geht Jesus in die Synagoge. Es ist Schabbat. Und ein Mann ist dort, der hat eine gelähmte Hand.

Pharisäer sind dort. Sie beobachten Jesus genau: Wird er es wagen, am Schabbat zu heilen? Für sie ist es Arbeit, wenn man einen Menschen heilt. Und am Schabbat zu arbeiten ist streng verboten.

Jesus sagt zu dem Mann: »Komm her!« Dann schaut er in die Runde: »Darf man einem Menschen am Schabbat das Leben retten oder muss man ihn umkommen lassen?« Jesus ist der Meinung, dass die Gesundheit eines Menschen wichtiger ist als die Einhaltung der Schabbatgebote. Denn der Schabbat ist für den Menschen da.

Jesus schaut die Pharisäer an. Aber sie antworten ihm nicht. Da wird Jesus traurig, dass sie so wenig Menschlichkeit zeigen, dass sie so engstirnig an ihrem Schabbatgebot festhalten. Aber er lässt sich nicht beirren. Er spricht zu dem Mann: »Strecke deine Hand aus!«

Der Mann tut es. Die Hand ist geheilt.

Der Mann freut sich. Jesus sagt: »Erzähle das nicht weiter!« Jesus will nicht, dass man ihn überall als den großen Wunderheiler verehrt. Es geht ihm um das Zeichen: Gott ist nahe. Gott beginnt, sein Volk zu retten.

Die Pharisäer aber bleiben bei ihrer engstirnigen Meinung. Sie verlassen die Synagoge. Für sie hat Jesus das Schabbatgebot übertreten. »Er ist gegen das Gesetz«, sagen sie, »wir müssen etwas unternehmen!«

Jesus aber tut weiter, was er tun muss. Er wendet sich auch den Aussätzigen zu.

Jesus hat sich von den Schreien der Aussätzigen ›Unrein! Unrein!‹

nicht zurückhalten lassen. Er ist zu ihnen gegangen, dorthin, wo sie abseits ihr karges elendes Leben fristeten. Jesus hat sie berührt.

An einem anderen Tag in Kafarnaum. Wieder lehrt Jesus in einem Haus, dicht umdrängt. Da kommt Maria, seine Mutter, mit seinen Brüdern.

In Nazaret haben sie von den aufregenden Taten Jesu, von seiner Aufsehen erregenden Predigt gehört. Sie können es nicht glauben. Sie wollen es selbst sehen. Sie denken: Es kann etwas nicht stimmen mit ihm. Vielleicht ist er verrückt geworden. Und jetzt stehen sie draußen vor dem Haus.

Man sagt Jesus: »Deine Mutter und deine Brüder sind hier. Sie wollen etwas von dir.«

Da antwortet er hart, fast böse: »Wer ist meine Mutter? Wer sind meine Brüder?« Er schaut auf die Menschen rundherum: »Ihr seid meine Mutter! Ihr seid meine Brüder! Wer tut, was Gott will, wer für mich spricht, der ist meine Mutter, der ist mein Bruder!«

Und er geht nicht hinaus zu ihnen.

Aussätziger Bettler. Aussatz: Eklig! Alles faulend. Hände und Füße werden zu Stümpfen. Geschwüre! Gestank! Aussätzige müssen sich abseits halten. Die Krankheit steckt an. Aussätzige sind Außenseiter, Ausgesetzte. Niemand will etwas zu tun haben mit ihnen. Strafe Gottes, sagen manche.

EIN ZEICHEN

Dann geschieht es, dass einige Sadduzäer zu Jesus kommen und ein Zeichen von ihm verlangen. Er soll beweisen, dass er wirklich von Gott kommt.

Jesus ist unwillig. Er sagt: »Wenn der Abendhimmel rot ist, dann sagt ihr ›Morgen gibt es schönes Wetter‹. Und wenn der Morgenhimmel rot ist, dann sagt ihr ›Es wird regnen‹. Ihr könnt also das Aussehen des Himmels beurteilen und schließt daraus, wie das Wetter wird. Warum versteht ihr denn nicht, was die Ereignisse dieser Zeit ankündigen? Es ist doch alles offenbar. Aber ihr wollt nichts sehen! Beweise wollt ihr sehen. Von Gott wollt ihr nichts sehen!«

Wer sind diese Sadduzäer? Auch eine besondere Gruppe unter den Juden. Priester finden sich unter ihnen, Adlige, Landbesitzer, Kaufleute, fast immer reiche Menschen.

Die Sadduzäer gehören zur Oberschicht. Viele von Ihnen sitzen im Hohen Rat, der 71 Mitglieder hat. Für die Sadduzäer ist der Tempel wichtig und das Opfer im Tempel. Von den Heiligen Schriften der Juden erkennen sie nur die fünf Bücher Mose, die Tora, an.

An die Auferstehung der Toten glauben sie nicht. Sie warten auch nicht auf den Messias. Manche von ihnen arbeiten mit den Römern zusammen.

Jesus hat keine Freunde unter ihnen. Aber er redet nicht gegen sie. Genauso wenig wie er gegen die Römer redet. Genauso wenig wie er gegen die Widerstandskämpfer, die Zeloten, redet.

Jesus will nur eins: Menschenfreundlichkeit statt Feindseligkeit, Liebe statt Gewalt.

Und es geschieht, dass Johannes der Täufer aus dem Gefängnis in Machärus zu Jesus schickt. Er hat wieder Zweifel: »Bist du wirklich der, der von Gott kommt?« Jesus lässt ihm sagen: »Man kann es doch sehen: Lahme gehen, Aussätzige werden rein. Und die Armen hören die frohe Botschaft, das Evangelium, die Gute Nachricht von Gott!«

NACH JERUSALEM

Jesus ist fest entschlossen, zum Pessachfest nach Jerusalem zu gehen. Es scheint, als habe er gewusst, was ihn dort erwartet. Einige Pharisäer haben ihn gewarnt: »Geh nicht!« Jesus hat Angst. Aber er geht. Er kommt als Pilger.

Auch die Jünger haben Angst. Aber sie folgen ihm. Einige mögen auch denken: Vielleicht geschieht es in Jerusalem, der heiligen Stadt, dass die neue Welt Gottes mächtig wird unter den Menschen.

Jesus nimmt den Weg entlang am Jordan. Drei Tage braucht man von Galiläa bis Jerusalem in Judäa.

Unterwegs:

Mütter kommen mit ihren Kindern zu Jesus. Er soll sie segnen. Die Jünger wollen sie abdrängen: Was sind schon Frauen und Kinder. Sie zählen nicht.

Jesus aber ruft: »Sie sollen kommen! Gerade die Kinder! Kinder sind Gott näher als ihr! Wisst ihr das nicht? Sie sind ganz offen für Gottes neue Welt. Sie sind nahe bei Gott!« Und er nimmt die Kleinen auf den Arm und die Großen bei der Hand. Und jedes Kind streichelt er und legt ihm die Hand auf den Kopf: »Gott schütze dich. Gott behüte dich. Sei gesegnet. Ja, du gehörst zu Gott!«

Unterwegs:

Kinder spielen. Jesus ruft eins zu sich, stellt es mitten in den Kreis, schaut die Jünger an: »So sollt ihr sein, wie dieses Kind, offen für das Leben, offen für Gott! Hütet euch, ein Kind gering zu achten! Lernt von den Kindern! Kein Kind wird je verloren sein bei Gott! Ja, wer ein Kind aufnimmt in meinem Namen, der nimmt mich auf!« Die Jünger staunen. »Jeder Mensch ist Gottes Ebenbild«, meint Jesus: »Jeder Mensch ist Gottes Kind!«

Unterwegs:

Ein reicher junger Mann, prachtvoll gekleidet, kommt zu Jesus: »Ich möchte immer bei Gott sein. Alle Gebote halte ich, das ganze Gesetz. Was muss ich noch tun?«

»Gib den Armen«, sagt Jesus: »Alles! Verkaufe alles, was du hast, und gib es hin. Alles! Dann bist du ganz bei Gott!«

Alles? Den ganzen Besitz? Wirklich alles? Der junge Mann ist wie vor den Kopf geschlagen. Nein, das kann er nicht. Etwas, ja, auch viel, aber alles?

Und er geht hin, der junge Mann, traurig, Tränen in den Augen, gefangen in seinem Reichtum.

»Dient Gott, nicht dem Geld«, sagt Jesus. »Niemand ist sicher in seinem Reichtum. Das ist wie bei dem reichen Kornbauern, der Jahr für Jahr mehr Korn sammelte und sich Scheunen über Scheunen baute, alles unterzubringen, und der dachte: Nun geht es mir gut. Nun bin ich sicher. Nun kann mir nichts mehr passieren. – Irrtum«, sagt Jesus: »Über Nacht kam der Tod!

Mit Geld«, meint Jesus,» erkaufst du dir kein Leben, kein gutes Herz, nicht den Eintritt in Gottes neue Welt.«

Und sie kommen nach Jericho, in die Oasenstadt, die Stadt mit den vielen Palmen. Und hier begegnet Jesus dem Zachäus, dem kleinen, sehr reichen, korrupten Oberpächter des römischen Zolls, der Jesus – warum auch immer – unbedingt sehen will, und der, als sie ihn nicht durchlassen, auf einen Baum steigt.

Jesus aber ruft ihn herunter: »Heute muss ich bei dir sein!« Und Jesus geht in das Haus des Zachäus, dieses üblen Diebes und Römerfreundes. Entsetzt sind die Menschen, die das sehen. Aber Jesus sagt, was er schon bei Levi sagte: »Zu solchen komme ich, zu den Verlorenen, sie zu retten!«

Und es heißt, Zachäus habe alles betrügerisch Erworbene zurückgegeben und für die Armen noch viel mehr dazu.

In Jericho begegnet Jesus auch dem blinden Bettler Bartimäus, der draußen am Wegrand sitzt und der laut schreit, als er Jesus vorüberkommen hört: »Jesus, Jesus, du von Gott, hilf mir, hilf mir doch!«

Und Jesus hält inne. Jesus ruft ihn zu sich – und der Blinde tappt daher. Jesus sagt zu ihm: »Du kannst sehen! Du siehst mich – mit deinem inneren Auge. Du siehst Gott – mit den Augen des Glaubens! Du bist nicht blind!«

Und es heißt, dass Bartimäus auch die äußere Blindheit genommen war.

Und so geschieht, was Jesus in der Synagoge von Nazaret verkündet hatte: »Blinde sehen! Gott beginnt sein Volk zu retten!«

Und Jesus kommt nach Betanien, nicht mehr weit von Jerusalem. Dort ist er im Haus von Maria und Marta. Und dann ist er im Haus von Simon, der vom Aussatz geheilt wurde. Und als sie zu Tische liegen, kommt eine Frau herein. Die gießt aus einem Alabasterfläschchen kostbares duftendes Nardenöl über den Kopf von Jesus. Sie salbt ihn damit, wie man sonst einen König salbt.

Die Anwesenden dort aber schreien auf: »Welch eine Verschwendung! Dieses Salböl hätte man teuer verkaufen und das Geld den Armen geben können!«

Jesus sagt: »Arme habt ihr immer bei euch. Mich habt ihr bald nicht mehr. Es ist, als habe sie mich gesalbt wie einen Toten.«

IN JERUSALEM

Jesus kommt in die Stadt. Hoch oben der riesige Tempelbezirk mit seinen Umfassungsmauern, Treppen, Toren, Hallen, Höfen und dem eigentlichen Heiligtum in der Mitte.

In der Unterstadt enge Gassen, unzählige kleine Läden, Handwerker: Gerber, Steinmetze, Töpfer. Dicht sich drängend Tiere und Menschen: Bauern, Händler, Priester, Soldaten, Frauen und Kinder. Dazwischen ausgemergelte und abgerissene Gestalten: Arme, Krüppel, Bettler.

In der Unterstadt der Markt mit seinem pulsierenden Leben, mit seinen Gerüchen, Verkaufsstand neben Verkaufsstand: Körbe mit Lauch, Bohnen, Knoblauch; Körbe mit Feigen, Äpfeln, Weintrauben; Krüge mit

Olivenöl und Wein; Gewürzstände mit Pfeffer, Kümmel und Senfkörnern; Duftstände mit Aloe, Myrrhe, Narde; Stände mit Salb- und Riechöl.

In der Oberstadt breite Straßen, die vornehmen, manchmal luxuriösen Häuser der Sadduzäer, auch das palastartige Haus des Hohenpriesters Kaiphas mit seinem Innenhof.

Schon drängen Pilgerscharen aus den Dörfern und Städten von Galiläa und Judäa, aber auch aus der ganzen Welt, in die Stadt, das Pessachfest nach dem ersten Frühlingsvollmond, das Fest der Erinnerung und der Freude, zu feiern.

An die 100.000 mögen es sein. Unter ihnen auch Nichtjuden, die den einen Gott, den bilderlosen Gott, in Jerusalem anbeten wollen. Und Lämmerherden werden getrieben. An die 10.000 Tiere mögen es sein.

Das alles bringt Leben und Unruhe. Es liegt etwas in der Luft, wie immer beim Pessachfest: Aufruhr, antirömische Revolte. Deshalb auch haben die Römer ihre Kohorte – etwa 500 Mann – in der Burg Antonia direkt am Tempel stationiert. Deshalb stehen römische Wachtposten auf den vier Türmen der Burg und auf den Dächern der Säulenhallen des Tempels, um gegebenenfalls rasch einschreiten zu können.

Als Jesus mit den Seinen, jungen Männern und Frauen, in die Stadt kommt, werden sie begrüßt wie alle anderen Pilger auch: »Gelobt sei, der da kommt im Namen des Herrn!« Später wird erzählt, Jesus sei wie ein König in die Stadt eingezogen, auf einem Esel, ein armer König. Und die Menschen hätten gejubelt und Zweige und Kleidungsstücke auf seinen Weg geworfen.

Jesus steigt die Stufen zum Tempelbezirk hinauf, zu diesem machtvollen Bauwerk Herodes des Großen. Überall Baubetrieb, denn noch längst ist nicht alles vollendet. Viele Säulen sind noch nicht aufgerichtet. Aber man sieht schon, wie großartig alles wird, wie mächtig und wie schön. Es heißt: ›Wer den Tempel des Herodes nicht sah, sah nirgendwo etwas Schöneres.‹

Jesus durchschreitet die riesige Halle Salomos mit ihren vier Säulenreihen. Er geht über die Steinplatten des Großen Vorhofs durch all das Gewimmel von Menschen und Tieren und kommt zu dem Bronzetor, das in den Vorhof der Frauen führt. Hier ist die Tafel angebracht, die Nichtjuden bei Todesstrafe verbietet, die inneren Vorhöfe des Tempels zu betreten. Jesus durchschreitet das Tor und blickt schon auf das nächste,

das zum Vorhof der Männer führt – dort ist der Brandopferaltar –, und er sieht dahinter weiß leuchtend mit seinen goldenen Zinnen das heilige Tempelhaus aufragen. Aus kostbaren weißen Marmorblöcken ist es erbaut. Vor der Eingangstür Vorhänge, in die purpurne Blumen und Säulen eingewebt sind, darüber ein goldener Weinstock mit herabhängenden Trauben.

Jesus weiß, nur Priester dürfen das Heiligtum betreten mit seiner Menora, dem Schaubrottisch und dem Weihrauchaltar, alles aus Gold. Jesus weiß, die hinteren Vorhänge darf der Hohepriester nur einmal im Jahr, am Versöhnungstag, durchschreiten – ins kostbar geschmückte, aber leere Allerheiligste, den Wohnraum Gottes.

Jesus geht zurück. Im Vorhof der Frauen fällt sein Blick auf den großen Opferkasten. Und er sieht, wie viele Reiche viel einwerfen. Und dann sieht er, wie eine arme Witwe zwei Kleinmünzen einwirft, Wert gleich Null. Jesus wendet sich an seine Jüngerinnen und Jünger: »Diese Frau hat mehr eingeworfen als all die Reichen, denn sie hat alles gegeben für Gottes Tempel, ihren ganzen Besitz!«

Im Tempel

Und es geschieht im Tempelbezirk, dass einige Leute von den führenden Priestern und den Pharisäern auf Jesus zukommen mit der Absicht, ihn durch eine verfängliche Frage in eine Falle zu locken. Sie zeigen ihm einen Denar mit dem Kopf des Kaisers Tiberius und der Umschrift ›Tiberius, Sohn des göttlichen Augustus und der göttlichen Livia‹.

»Dürfen wir dem Kaiser der Römer Steuern zahlen?«, fragen sie scheinheilig. »Ist das nicht durch unser Gesetz verboten?«

»Gebt her«, sagt Jesus: »Wessen Bild und Name ist hier aufgeprägt?« – »Des Kaisers«, antworten sie. »Dann gebt dem Kaiser, was dem Kaiser zukommt, und Gott, was Gott zukommt!«

Die Antwort erstaunt und enttäuscht sie. Hätte Jesus verboten, Steuern an Rom zu zahlen, wäre das Aufstachelung zum Aufstand gewesen. Hätte er es ausdrücklich erlaubt, wäre er ein Römerfreund gewesen. So aber können sie die Antwort nicht gegen ihn ausnutzen.

An einem anderen Tag: Jesus ist wieder aus Betanien am Ölberg, wo er über Nacht bleibt, in den Tempel gekommen – da erfasst ihn plötzlich eine große Erregung. All dieses ungeheuerliche wilde Treiben im Großen Vorhof, so nahe dem Heiligtum. Das Gedränge, Menschen aus aller Welt, und Tiere – das Blöken der einjährigen fehlerlosen Lämmer für das Tempelopfer, das Flattern der Tauben in ihren Käfigen – Kaufen und Verkaufen, Geldwechsel an Wechslertischen, hebräisches Geld und tyrische Silbermünzen als Tempelgeld gegen alle anderen Währungen, die Masse der unzähligen Pilger, das Gefeilsche, das Schreien – nur Geschäft! Geschäft! –, es bringt Jesus in großen Zorn: »Hört auf! Hört auf damit!«, ruft er. »Schafft das hier weg!«, befiehlt er den Taubenverkäufern.

Er macht sich aus Stricken eine Peitsche und beginnt dreinzuschlagen, er, der sonst so Sanftmütige: »Weg mit euch!« Er treibt die Tiere hinaus, jagt die Händler davon, stößt die Tische der Wechsler um, dass die Münzen zu Boden fliegen und ruft in heiligem Zorn: »Was macht ihr da mit eurem Feilschen und Schreien, nur auf Gewinn bedacht?! Ihr Betrüger! Denkt auch nur einer von euch daran, wo er hier ist? – Im heiligen Tempel Gottes! Ihr aber macht eine Markthalle daraus, ja eine Räuberhöhle! Wisst ihr denn nicht, dass in den Schriften steht: ›Mein Haus soll ein Bethaus sein‹?!«

Das alles sehen die Priester des Tempels. Und die Sadduzäer. Voller Unruhe sind sie: ›Woher nimmt dieser Galiläer das Recht, so im Tempel aufzutreten? Er stört alles. Er stört den Tempelbetrieb. Alles bringt er durcheinander!

Hoherpriester

65

Dabei zieht er die Menschen in seinen Bann. Dauernd sind sie um ihn herum. Keines seiner Worte lassen sie sich entgehen. Das kann so nicht weitergehen! Das darf so nicht weitergehen!‹

Und die führenden Priester kommen zusammen: »Was sollen wir tun?«, fragen sie. »Es muss etwas geschehen. Er muss aufgehalten werden. Die Römer sehen doch, was da vor sich geht. Sie werden uns noch die Verfügungsgewalt über Tempel und Volk entziehen. Schon hat Pilatus seine Kohorte in der Stadt. Nein, das geht nicht mehr so weiter!«

Kaiphas, in jener Zeit der oberste Priester, schaut sie an: »Wo habt ihr euren Verstand? Seht ihr nicht, dass es besser ist, einen Menschen zu töten, als dass ganz Israel zugrunde geht?!«

Sie sehen es. Sie stimmen ihm zu. Und von da an sind sie entschlossen, Jesus zu Tode zu bringen. Aber sie wissen: Wenn wir ihn jetzt verhaften, mitten im Festtrubel, könnte ein Aufstand unmittelbar losbrechen. So warten sie. Es wird sich ein günstiger Zeitpunkt ergeben.

Und es geschieht: Einer seiner Jünger, Judas – welches Motiv auch immer ihn bewegt –, kommt zu ihnen mit dem Angebot, ihnen seinen nächtlichen Aufenthaltsort mitzuteilen. Sie bieten ihm 30 Silberschekel.

DAS ABENDMAHL – GEFANGENNAHME

Und am Abend – es ist der Donnerstag – kommt Jesus mit seinen Jüngern zu einem besonderen Mahl zusammen.

Sie liegen zu Tisch. Jesus sagt: »Einer wird mich ausliefern!« Bestürzt sind sie: »Bin ich es? Ich? Ich?«

Jesus nimmt das Brot, die flache harte Mazze, spricht den Segen darüber: »Gepriesen sei Gott, König der Welt, der das Brot aus der Erde hervorbringt«, bricht das Brot und verteilt es an alle: »So brecht in Zukunft das Brot miteinander, wenn ich nicht mehr bei euch bin. Betet! Das Brot ist ein Zeichen: Ich bleibe immer mit euch verbunden.«

Und er nimmt den Weinbecher, nachdem sie gegessen haben, spricht: »Gesegnet sei dieser Wein, der aus der Traube kommt«, und er reicht den Becher herum. Alle trinken. Jesus sagt: »So trinkt in Zukunft den Wein beim Mahl. Betet. Denkt an mich. Mein Blut wird fließen. Es ist ein Zeichen: Ich bleibe immer mit euch verbunden. Solange ihr da seid, bin auch ich da. Immer!«

Und sie sprechen den Psalm (116, 13; 118, 24.28) nach dem Mahl:

> Ich will es vor der Gemeinde bekennen
> und den Becher erheben und ihm danken.
> Dieser Tag ist ein Geschenk des Herrn.
> Wir wollen uns freuen und fröhlich sein.
> Du bist mein Gott. Und ich dein Kind.
> Mein Gott, ich lobe dich.

Dann stehen sie auf und gehen in die kühle Nacht hinaus. Und Jesus sagt: »In dieser Nacht werdet ihr mich im Stich lassen!« – »Nein!«, ruft Petrus: »Ich niemals: Und wenn ich mit dir sterben müsste!« Jesus sagt: »Wenn der Hahn in der Frühe kräht, dann hast du mich dreimal verleugnet!«

Und sie kommen über den Bach Kidron zu einem Garten mit Namen Getsemane. Jesus sagt: »Auf mir liegt eine Last, die mich fast erdrückt. Helft mir, dass ich es aushalte! Wacht mit mir!« Und er geht ein wenig hinweg von ihnen und wirft sich nieder – in Todesangst: »Lieber Vater, hilf mir doch!« Er zittert. Er ist in großer Not. Dann aber wird er ruhig: »Vater, ich gebe mich in deine Hand. Dein Wille geschehe!« Er kommt zurück. Die Jünger sind schlaftrunken. Es war ein langer Tag.

Dann aber sind sie hellwach. Durch die Nacht kommt ein Kommando vom Tempel, von der Polizeitruppe des Hohen Rates. Sie kommen mit Fackeln und Schwertern und Knüppeln, angeführt von Judas. Der tritt auf Jesus zu und küsst ihn, so wie ein Jünger seinen Rabbi begrüßt. Da wissen die vom Tempel, wen sie festzunehmen haben. Und Jesus gibt sich in ihre Hände. Die Jünger aber, entsetzt über das alles, fliehen.

Die Jesusgemeinschaft scheint aufgelöst.

VERHÖR UND VERURTEILUNG

Jesus aber wird in die Oberstadt in den Palast des Hohenpriesters Kaiphas gebracht. Führende Priester, in der Nacht zusammengerufen, verhören ihn. Kaiphas fragt Jesus nach seinen Jüngern und seiner Lehre. Es heißt, Jesus habe ihm geantwortet: »Ich habe doch immer öffentlich gelehrt in den Synagogen und im Tempel. Meine Lehre ist bekannt. Was also fragst du mich? Frage doch die, die mich gehört haben!«

Die Priester – Sadduzäer, denen der Tempel über alles geht, unter ihnen – halten ihm vor: »Du legst das Gesetz anders aus als wir. Damit untergräbst du unsere Stellung und die öffentliche Ordnung. Du schaffst Unruhe im Tempelbezirk. Du hast dich mit den Verkäufern und Geldwechslern, die für uns arbeiten, angelegt. Du schaffst Unruhe unter dem Volk. Aufruhr droht. Das werden die Römer nicht zulassen. Und wir auch nicht!«

Jesus entgegnet nichts auf ihre Anschuldigungen.

Sie möchten ihn beseitigen. Doch sie können kein Todesurteil fällen.

Petrus aber, so wird erzählt, habe im Innenhof des hohenpriesterlichen Palastes gesessen und sich am Feuer der Wachsoldaten gewärmt. Und dort sei er mehrmals angegangen worden, er gehöre doch auch zu dem Jesus. Dreimal habe er es abgestritten. Und da habe ein Hahn gekräht.

In der Frühe des Morgens überstellen die Priester Jesus gefesselt dem eigentlichen Machthaber in Jerusalem und Judäa, dem römischen Präfekten Pontius Pilatus. Der allein hat das Recht, über Tod und Leben zu entscheiden. Die Gerichtsverhandlung gegen Jesus findet im Freien statt. Pilatus sitzt auf dem erhöhten Podium, der Bema. Er sitzt auf dem Richtstuhl. Er trägt eine kostbare weiße Toga mit Purpurstreifen und einen goldenen Ring an der Hand, Zeichen, dass er dem hohen Stand eines römischen Ritters angehört. Vor ihm Jesus. Vor ihm die anklagenden Priester. Vor ihm viel Volks, so wie immer bei öffentlichen Gerichtsverhandlungen.

Wer ist dieser Pontius Pilatus, der seit dem Jahr 26 amtiert und der nach seinem Ermessen inhaftieren, geißeln und kreuzigen lassen kann? Die Juden hassen ihn, seit er mit Feldzeichen in Jerusalem einrückte, die das Bild des Kaisers trugen, seit er vergoldete Schilde mit dem Namenszug des Kaisers aufstellen ließ. Warum? Der römische Kaiser wurde vielerorts als Gott verehrt. Pilatus hatte also in den Augen der Juden ein fremdes Götterbild in die Stadt des bilderlosen Gottes gebracht. Das war Frevel. Das musste sie empören. Nicht weniger anstößig waren ihnen auch die Münzen des Pilatus, auf denen ein Krummstab, das Zeichen römischer Wahrsager, der Auguren, also ebenfalls ein fremdes religiöses Symbol, abgebildet war.

Wer ist dieser Pontius Pilatus? Nach dem Urteil eines Zeitgenossen ist er bestechlich, hinterhältig, gewalttätig, willkürlich, in seinen Entscheidungen grausam. Z. B. wird erzählt, einmal habe er galiläische Festpilger, die gerade im Tempel opferten, hinterrücks töten lassen, sodass sich ihr Blut mit dem der Opfertiere mischte.

Pilatusmünze mit einem Lituus (Krummstab), einem römischen religiösen Symbol, das die Juden kränken musste.

Seinen Jerusalemer Amtssitz hat Pilatus im römischen Statthalterpalast, im Prätorium, vormals Palast Herodes des Großen. Dort wird ihm Jesus als angeblicher politischer Messias, als einer, der den Aufstand gegen die Fremdherren predigte, vorgeführt. Mit solchen Messiasprätendenten pflegten die römischen Statthalter kurzen Prozess zu machen.

Die führenden Priester klagen Jesus an: »Er gebärdet sich als Messias! Er leugnet die Macht Roms in diesem Land! Er ist ein Volksverhetzer, ein Rebell!«

Pilatus stellt die in solchen Prozessen übliche Frage: »Bist du ein Messias? Bist du der König der Juden?«

Jesus antwortet: »Mein Königtum ist nicht von dieser Welt. Wäre es das, meine Anhänger würden für mich kämpfen!«

Pilatus ist davon wenig beeindruckt. Wie üblich, fällt er ein rasches Urteil: »Geißelung! Kreuzigung!«

Es wird erzählt, Pilatus habe dem Volke zuvor noch den Widerstandskämpfer und Mörder Barabbas neben Jesus angeboten, einen von ihnen zum Fest zu amnestieren. Und sie hätten sich für Barabbas entschieden.

Wie auch immer. Nach dem römischen Strafgesetz gehören Geißelung und Kreuzigung zusammen. Der Verurteilte wird nackt ausgezogen, an einen Pfahl gefesselt und mit einer kurzen Lederpeitsche, in deren Schnüre Eisensplitter eingebunden sind, ausgepeitscht. Er erleidet grässliche Schmerzen und hohen Blutverlust. – So geschehen mit Jesus.

Es wird erzählt: Die Soldaten der römischen Kohorte, viele aus den Nachbarländern Israels und den Juden nicht wohlgesonnen, hätten Jesus nach der Geißelung zum Spott einen roten Mantel umgelegt, ihm eine aus Dornen geflochtene ›Krone‹ auf den Kopf gesetzt und ihn als ›König der Juden‹ verhöhnt.

Wie auch immer. Der Verurteilte muss den Querbalken für sein Kreuz selbst zur Hinrichtungsstätte schleppen. Jesus tut es unter Qualen auf der Straße, die vom Prätorium zum außerhalb der Stadt gelegenen Hügel ›Golgota‹ (›Schädelhöhe‹), der Hinrichtungsstätte, führt. Dort ist der Holzbalken, der als Standpfahl dient, schon aufgerichtet.

TOD AM KREUZ

Jesus wird gekreuzigt. Über seinem Kopf wird in drei Sprachen (lateinisch, griechisch, hebräisch) eine Tafel mit der Inschrift ›Jesus von Nazaret. König der Juden‹ befestigt. So ist es üblich. Diese Tafel hält den Grund für seinen Tod fest. Beiderseits Jesu werden zwei Widerstandskämpfer, die den Römern in die Hände gefallen sind, ebenfalls als Verbrecher gekreuzigt. Römische Soldaten werfen das Los um das ungenähte Untergewand Jesu. Sie wollen es nicht zerteilen.

Frauen aus Galiläa, darunter seine Mutter Maria und seine Jüngerin Maria aus Magdala, sehen voller Schmerzen alles von ferne mit an.

Jesus schreit laut, bevor er stirbt. Er ruft das alte Gebet seines Volkes: »Eloi, eloi, lema sabachtani!« – »Mein Gott, mein Gott, warum hast du mich verlassen?« In diesem Ruf liegt Vertrauen auf Rettung in äußerster Verlassenheit. So beten Juden, wenn sie sterben.

Jesus quält sich furchtbar. Dann kommt der Tod.

Jesus stirbt am Freitag dem 7. April des Jahres 30. Um die neunte Stunde: 15 Uhr. Es ist der 15. Nisan des jüdischen Jahres, der Tag der Vorbereitung zum Pessachfest, da in der Stadt alle Gefäße und Häuser gereinigt werden, da man abends in großer Freude die Befreiung des Volkes Israel aus der ägyptischen Knechtschaft feiern wird, da zur Todesstunde Jesu im Vorhof der Männer im Tempel die unzähligen Pessachlämmer geschlachtet werden und die Priester bei ertönenden Posaunen das Blut in Schalen auffangen, um es über dem Brandopferaltar auszugießen.

Am Abend muss der Leichnam vom Kreuz. So lauten die jüdischen Vorschriften: Kein Gekreuzigter darf vor Beginn des Festes hängen bleiben.

Es wird erzählt, Josef aus Arimatäa, Mitglied des Hohen Rates, ein heimlicher Freund des Mannes aus Nazaret, habe den Leichnam vom Kreuz genommen, ihn mit Duftstoffen in Leinentücher eingewickelt und ihn in seinem eigenen ungenutzten Felsengrab, nicht weit entfernt, beigesetzt.

Doch das ist ungewiss. Das wirkliche Grab Jesu ist bis heute unbekannt. Eins aber ist gewiss: Sein Körper ist in dem Grab, in das man ihn legte – vielleicht war es ein Rollsteingrab –, vergangen, verwest.

Kreuzigung: Sie gilt als die grausamste und qualvollste Strafe der Römer. Sie wird angewendet bei entlaufenen Sklaven, bei Mördern, Wegelagerern, Aufrührern. Ein römischer Bürger darf nicht gekreuzigt werden. Für Pilatus sind Kreuzigungen an der Tagesordnung. Während seiner Amtszeit von 26 bis 36 werden an die 6000 Juden gekreuzigt, nicht wenige wegen ihres für Pilatus verlockenden Reichtums. Jesus ist also einer unter vielen. Auch Vorgänger des Pilatus, z. B. Quinctilius Varus, haben Tausende von Juden kreuzigen lassen.

Kreuzigung: Der Verurteilte wird nackt ausgezogen. Der Querbalken wird an dem eingerammten Pfahl befestigt. Man stellt den Verurteilten ans Kreuz, nagelt seine Unterarme an – die Nägel gehen durch das Handgelenk –, schiebt die Beine hoch, nagelt durch kleine Bretter hindurch die Fersen an – die Nägel gehen durch die Fußgelenke. Am Stamm ist ein kleines Holzbrett angebracht, auf das der Gekreuzigte in Hockstellung sich stützen kann. Dies verlängert seine Qualen. Zieht er sich höher, reißen seine Arme bis zu den Handwurzeln weiter auf. Zerschlägt man ihm die Beinknochen, sackt der Körper herab. Der Gekreuzigte kann sich nicht mehr abstützen. Zuletzt zerquetscht das Gewicht des eigenen Körpers die Lunge. Es gibt einen Kreislaufkollaps. Der Gekreuzigte erstickt. – So geschehen mit Jesus.

Nach seinem Tode

Es geschieht das, was wir ›Ostern‹ nennen. Etwas Unbegreifliches: »Zu Ostern in Jerusalem, da ist etwas geschehn, das ist noch heute wunderbar, nicht jeder kann's verstehn.«

Die Jünger, die bei der Festnahme Jesu voller Angst geflohen waren, sind plötzlich wieder da. Und sie sind andere als zuvor.

Was ist geschehen? Die Sache Jesu, die neue Welt Gottes, ist nicht untergegangen. Die Jünger haben eine tiefe visionäre Erfahrung gemacht. Es überkam sie. Es ging ihnen durch und durch: Alles ist anders. Alles ist neu. Es verwandelte sie ganz und gar. Sie sind erfüllt von einem neuen Geist, von einem neuen Glauben. Und das, was sie gesehen, was sie erkannt haben, das müssen sie bekennen. Plötzlich sind diese Bekenntnisse da:

- Was früher war, das ist vorbei. Etwas ganz Neues hat angefangen.
- Gott ist auf unserer Seite. Gott hat Jesus nicht im Tod gelassen.
- Gott hat ihn ›auferweckt‹. Gott hat dem Tod die Macht genommen.
- Er lebt. Er lebt in uns.
- Wir haben ihn ›gesehen‹ als den Lebendigen, gesehen mit den Augen des Glaubens.
- Er ist ›auferstanden‹! Auferstehen kann man nur durch Gottes Kraft.
- Es ist wie mit dem Weizenkorn, das stirbt. Und dann wächst es zu neuem Leben empor.
- Gott hat ihn sichtbar gemacht in einem neuen Bild, im Bild des lang ersehnten Messias, des Christus, des gesalbten Königs in der Nachfolge Davids.
- Die Christus-Zeit hat begonnen.
- Wer zu Christus gehört, der ist ein neuer Mensch geworden.
- Er lebt in der neuen Welt Gottes, weil er dem Leben mehr zutraut.
- Der schändlich Gekreuzigte übt eine große Macht aus. Das Kreuz ist ein Zeichen für seinen Sieg.
- Man kann den Auferstandenen nicht mit der Hand anfassen. Man kann ihn schauen im Geist und im Glauben.

»Christus hat dem Tod die Macht genommen und unvergängliches Leben ans Licht gebracht«, lautet ein Bekenntnis. Es ist ein inneres Geschehen, das alles in Gang setzt, aber es entfaltet eine unerhörte Kraft nach außen hin: »Gott hat mich seinen auferstandenen Sohn sehen lassen«, sagt Paulus: »Er will, dass ich ihn überall unter den Völkern bekannt mache.«

Sie heißen Christus-Leute von da ab, Christen, die sich zu dem Auferstandenen bekennen. Aus der Jesus-Gemeinschaft wird eine Christus-Gemeinschaft, für alle, die kommen wollen, für alle Menschen der Welt. Denn die neue Botschaft, die Osterbotschaft von dem, der am Kreuzpfahl der römischen Besatzer zugrunde ging und dennoch eine unerhörte Kraft des Lebens bewies, durcheilt die römische Welt mit unfasslicher dynamischer Kraft.

Und sie müssen von all dem erzählen: »Was wir gehört haben, was wir mit eigenen Augen gesehen haben, das verkünden wir.«

Später, sehr viel später geschieht das. Es entstehen die Oster-Geschichten, Geschichten, die das Neue, das begann, anschaulich machen wollen, Glaubensgeschichten, gemalt mit Farben des Glaubens.

Es sind die Evangelisten, die solche Geschichten aufschreiben: Markus – 40 Jahre danach, Matthäus – 50 Jahre danach, Lukas – 60 Jahre danach, Johannes – 70 Jahre danach. Sie können unmöglich davon schweigen, was andere gehört und gesehen haben, was ihnen weitererzählt wurde.

Eine Geschichte – Markus hat sie aufgeschrieben – ist die von den Frauen, die am Sonntagmorgen zum Grab gehen, seinen Leichnam zu salben. Und sie finden den Rollstein weggewälzt und im Grabe einen jungen Mann in weißem Gewand, der sagt: »Jesus von Nazaret ist nicht hier. Er ist auferstanden und lebt!« Und die Frauen sind tief erschrocken und rennen voller Entsetzen davon.

Eine andere Geschichte – Lukas hat sie aufgeschrieben – ist die von den Emmaus-Jüngern. Die gehen traurig von Jerusalem zu dem Ort Emmaus, denn sie denken, er sei tot – für immer. Aber es geschieht auf dem Wege, dass er ihnen nahe ist. Und er erklärt ihnen die Propheten, was sie über den Messias, den Christus, gesagt haben. Und später im Haus bricht er das Brot wie immer. Und da wissen sie, es ist ihr Christus, ihr Herr. Und da wissen sie, wir müssen ihn gar nicht sehen mit den äußeren Augen. Wir sehen ihn mit den Augen des Glaubens. In uns ist er stark. Das ist viel wichtiger. Wir hören das Wort, wir essen das Brot, wir denken an ihn. Das ist viel wichtiger.

Eine dritte Geschichte – Johannes hat sie aufgeschrieben – erzählt, wie er plötzlich mitten unter ihnen ist mit dem Gruß, den sie kennen: ›Schalom! Friede mit euch!‹ Und sie sind außer sich vor Staunen und Freude. Nur einer ist nicht dabei: Tomas. Und als sie's ihm später erzählen, sagt er: »Das glaube ich nicht!«

Doch acht Tage später – diesmal ist Tomas dabei – geschieht es wieder. Sie spüren seine Gegenwart. Und jetzt erfährt es auch Tomas. Und es überkommt ihn und er glaubt und er spricht: »Mein Herr! Mein Gott!« Jetzt weiß es auch Tomas: Glauben, das ist Sehen auf eine andere Weise. Mit dem Herzen.

Eine vierte Geschichte ist die von Pfingsten, von Schawuot, dem Erntefest der Juden in Jerusalem, 50 Tage nach dem Pessachfest. Tausende sind in der Stadt, ein Gewoge und Gebrause von unzähligen Stimmen. Und Petrus tritt mitten unter sie: »Hört mich! Hört meine Botschaft: Gott hat Jesus, den Gekreuzigten, zu seinem König und Herrn gemacht. Er ist der Messias, auf den ihr so lange schon wartet. Er lebt! Er lebt in uns – in euch! Hört nur, hört!«

Mit Macht fahren diese Worte unter sie. Und Gottes Geist kommt über sie. Und sie werden erregt, begeistert, entflammt. Und sie rufen: »Was müssen wir tun? Wir wollen zu ihm gehören, zu dem Messias Gottes!«

Und da geschieht es, dass sie getauft werden, all diese Menschen voll Feuer und Flamme. Und es ist, wie es einst Johannes der Täufer sagte von Jesus: ›Er tauft mit Feuer und mit heiligem Geist!‹

Und die Wunder?

Jesus konnte heilen, von Geisteskrankheiten und anderen Leiden befreien, wie in diesem Buch erzählt. Daran haben die Theologen keinen Zweifel.

Aber die Großwunder? Verwandlung von Wasser in Wein? Stillung des Seesturms? Speisung von 5000 Menschen mit fünf Broten und zwei Fischen? Erweckung von Toten zu neuem Leben?

Nun, so wie die Ostergeschichten des Neuen Testamentes Glaubensbilder als Erzählpredigten sind, so erzählten die Evangelisten der späteren Jahrzehnte – sie waren Theologen und Schriftsteller, in gewisser Weise ›Dichter‹ – auch Christus-Wundergeschichten. Es sind ›sprechende Bilder‹, Predigten, die Vertrauen und Hoffnung stiften wollen. Geschehen sind sie so nicht.

Aber die Christen haben sich mit diesen Geschichten gegenseitig Trost zugesprochen: »Das Meer, das er zur Ruhe brachte«, sagten sie, »das ist das Meer der Angst. Allen, die in Angst sind, gar in Todesangst, wird damit gezeigt: Er ist bei euch. Er ist nahe. Auch wenn ihr denkt, ihr geht unter in all dem, was euch bedrückt und bedroht.«

Oder sie haben solch eine Geschichte wie eine Aufforderung verstanden: »Wenn er 5000 mit fünf Broten und zwei Fischen speiste, dann ist das wie eine Aufforderung an uns: ›Gebt ihr ihnen zu essen!‹ Wir sollen teilen mit den Unzähligen in der Welt, die Hunger haben. Wenn jeder etwas abgibt, dann wird aus wenigem viel, dann werden viele satt!« Wenn das geschieht – ist es nicht ein Wunder?

Oder die Erweckung von Toten zu neuem Leben, der Tochter des Jairus, des jungen Mannes in Nain oder des Lazarus, des Bruders von Maria und Marta?: Zeichengeschichten sind das, keine Tatsachenberichte. »Sie zeigen«, so die Christen, »der Tod gilt nicht für Gott und seine Kinder. Wir bleiben nicht im Tode. Genauso wenig wie Jesus, der Christus, im Tode blieb. Wir können uns freuen!«

Solche Geschichten sind nicht historisch in einem authentischen Sinn. Sie verdeutlichen vielmehr etwas davon, dass es andere Bereiche gibt. Sie zeigen nicht, dass man von Gott Mirakel erwarten solle, wohl aber, dass das Leben mehrere, ja viele Dimensionen hat. Und diese Dimensionen werden durch Bilder erschlossen.

Die Evangelisten konnten in solchen Bildern denken. Das war den Menschen damals gegeben. Und nur, wer heute erkennt, dass die Welt andere als lediglich die vordergründig realistischen Dimensionen hat, vermag solche Bilder zu verstehen, sich durch solche Bilder zu eigenem Handeln anregen zu lassen.

Das Gesagte gilt nicht zuletzt von den neutestamentlichen Darstellungen der Geburt und der Auferstehung Jesu, den Geschichten von Weihnachten, Ostern, Himmelfahrt und Pfingsten.

Die Geburtsgeschichte des Lukas z. B. entstand spät. Um das Jahr 90, also 60 Jahre nach der Kreuzigung. Vorher wussten die Christen nur, was Paulus geschrie-

Ein Bild von der Christus-Wundergeschichte der Speisung der vielen. Es zeigt: Christus steht im Lichte Gottes. Als der Erhöhte gibt er das Brot des Lebens. Und die Christen geben es weiter, einer dem anderen, geben und geben – und so werden unzählige Menschen (5000 ist eine Symbolzahl) satt.
Evangeliar Heinrichs III., Echternach um 1145.

ben hatte: »Er war ein Mensch, geboren von einer Frau.« Das aber war den Christen in der Lukaszeit zu wenig. Sie wollten seine Geburt so erzählt wissen, wie es ihrem Glauben an ihn als dem Messias, dem Christus, entsprach. Und so entstand die Glaubensgeschichte, in der ein Engel Gottes Hirten, den Ärmsten der Armen, die frohe Botschaft sagt: »Euch ist heute der Retter geboren, der Christus, ein Kind in Betlehem!« Die Geschichte, in der ein ganzer Hofstaat von Engeln Gott lobt und den Menschen der Welt den Frieden Gottes verkündet, jedem, der ihn will. Wunderbar das alles – eine Glaubensgeschichte als Erzählpredigt – : ›Dieser Jesus war schon von Anfang an der Messias, der Christus!‹

Eine Wundergeschichte ist diese Weihnachtsgeschichte des Lukas, eine wunderbare Geschichte, voll des Lichtglanzes von Gott in der dunklen Welt der Menschen, eine Glaubensgeschichte, die die Herzen anrührt, die die Menschen seit mehr als 1900 Jahren immer wieder mit Hoffnung erfüllt, mit Freude, eine Geschichte, bekannt in der Welt wie keine zweite, für manch einen die schönste Geschichte der Welt. Aber wo und wie Jesus wirklich geboren worden ist, wissen wir nicht.

Festzuhalten bleibt, dass die Evangelien als Dokumente des Glaubens von höchst wunderbaren Dingen zu erzählen wissen. Die Evangelisten schrieben solche Wundergeschichten als Hoffnungsgeschichten, weil sie in ihrer Zeit die Hoffnung nicht verlieren wollten. Und jeder heute muss und mag herausfinden, worin für ihn die Hoffnung, die ›Wahrheit‹ solcher Geschichten über Jesus von Nazaret liegt.